高等职业学校酒店管理专业教材

餐饮运营管理

栗书河　孙炳武◎主　编
赵本谦　于　昕　李孟冬◎副主编

中国轻工业出版社

图书在版编目（CIP）数据

餐饮运营管理 / 栗书河、孙炳武主编. —北京：中国轻工业出版社，2023.1

高等职业学校酒店管理专业教材

ISBN 978-7-5184-1062-0

Ⅰ.①餐… Ⅱ.①栗…②孙… Ⅲ.①饮食业—经营管理—高等职业教育—教材 Ⅳ.①F719.3

中国版本图书馆CIP数据核字（2016）第229246号

责任编辑：史祖福　　责任终审：劳国强　　整体设计：锋尚设计
策划编辑：史祖福　　责任校对：吴大朋　　责任监印：张京华

出版发行：中国轻工业出版社（北京东长安街6号，邮编：100740）
印　　刷：河北鑫兆源印刷有限公司
经　　销：各地新华书店
版　　次：2023年1月第1版第4次印刷
开　　本：787×1092　1/16　印张：15
字　　数：261千字
书　　号：ISBN 978-7-5184-1062-0　定价：34.00元
邮购电话：010-65241695
发行电话：010-85119835　传真：85113293
网　　址：http：//www.chlip.com.cn
Email：club@chlip.com.cn
如发现图书残缺请与我社邮购联系调换
230095J2C104ZBQ

为贯彻落实《国务院关于加快发展现代职业教育的决定》及《现代职业教育体系建设规划(2014–2020年)》,深化改革,推动“专业设置与产业需求对接,课程内容与职业标准对接,教学过程与生产过程对接”,推行项目教学、案例教学、工作过程导向教学等教学模式。以信息技术应用丰富教学手段,利用信息化手段扩大优质酒店管理教育资源覆盖面,推进酒店管理职业教育资源跨区域、跨行业共建共享,逐步实现酒店管理优质数字教育资源在酒店行业全覆盖的目标,由实践经验丰富的酒店管理专业人员为研发主导,以酒店管理人员岗位工作胜任力培养为目标,结合高等职业院校教育教学特点,开发本教材。

1. 基于酒店管理岗位胜任力框架开发课程内容

本教材课程内容是根据现代酒店管理岗位设置及其工作职责任务的通用框架,在归纳整理的酒店管理典型工作任务岗位胜任力模型基础上,开发出典型工作能力学习单元模块,包括完成酒店经理人岗位的工作任务所必需的基本知识、技能、态度等内容,适合高职高专毕业生及酒店管理培训生学习使用。

2. 教学环节设计

课堂教学:教师按照教材学习单元模块,依照项目学习内容,组织课堂教学活动,安排学生课下学习任务要求。

3. 本书课程内容设计

本书针对高职高专酒店管理专业《餐饮运营管理》课程数字化教学改革的需要,按照酒店餐饮业概况、餐饮市场营销、餐饮服务管理、菜单管理、餐饮生产管理、餐饮综合管理六个学习单元分类,以项目展开及案例研讨为主要内容,阐述国内外最新实践成果与经验,让读者系统地了解相关工作理念、方法以及工作过程中的技巧和技能,形成酒店餐饮运营管理工作基础能力。

学习单元		项目		授课时数
1	餐饮业概况	1	餐饮业组织类型与经营模式	2
		2	餐饮工作人员职责	2
		3	餐饮业卫生与安全	2
		4	餐饮营养基础	2

续表

学习单元		项目		授课时数
2	餐饮市场营销	1	餐饮项目选址	2
		2	餐饮市场调研与分析	2
		3	餐饮业促销与广告	2
3	餐饮服务管理	1	餐饮对客服务类型	2
		2	餐饮运营管理	2
		3	餐饮软件应用	2
4	菜单管理	1	菜单策划	2
		2	菜单定价与形式设计	2
		3	酒吧酒水单设计与制作	2
5	餐饮生产管理	1	餐饮采购与发货	2
		2	餐饮产品加工制作	2
		3	餐饮厨房设备	2
6	餐饮综合管理	1	餐饮财务基础	2
		2	餐饮训练管理	2
		3	餐饮业出品创新	2
	学分建议配值	4	学时建议安排	38

本教材由中国管理科学学会旅游管理专业委员会副主任栗书河、河北省沧州华凯集团酒店管理部副总经理兼雅布伦大酒店总经理孙炳武担任主编，由秦皇岛职业技术学院旅游系教师赵本谦、于昕、李孟冬担任副主编。

本教材既适合酒店管理专业的师生使用，也可作为酒店、餐饮行业从业人员的参考书。

由于编者水平有限，书中难免有疏漏不足之处，恳请广大读者批评指正。

编者

2016 年 7 月

CONTENTS 目录

学习单元一

餐饮业概况

项目 1 餐饮业组织类型与经营模式

学习目标

- 能够准确叙述餐饮服务业的组织类型；
- 能够准确画出社会餐饮酒店组织机构图；
- 能够准确画出酒店餐饮部组织机构图；
- 能够说明商业性餐饮酒店的特点；
- 能够分析说明特许连锁经营形式的定义与特点。

课程内容

一、餐饮组织类型

餐饮服务业（图 1–1）由商业性餐饮酒店与非商业性餐饮机构组成。商业性餐饮酒店是指以餐饮服务及食品饮料生产制作为经营商品，进行以营利为经营目的的酒店组织。非商业性餐饮机构是指以餐饮服务及食品饮料生产制作供应为工作任务的机构组织，此类机构的经济性目标是收支平衡。

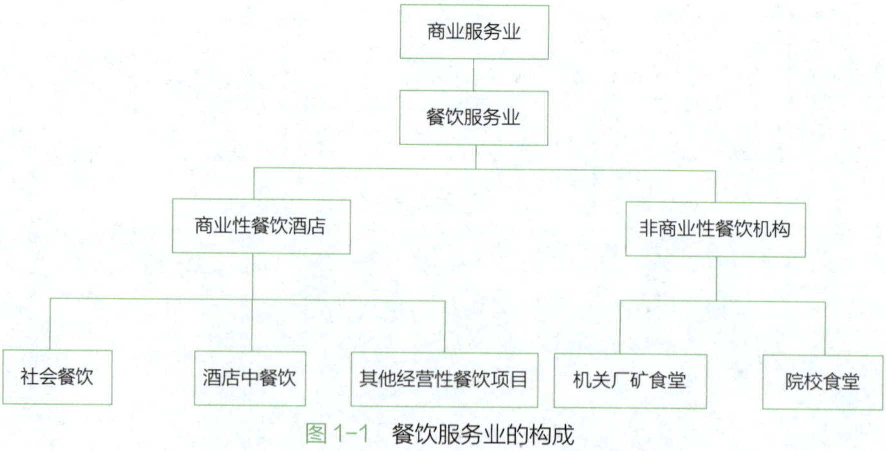

图 1–1 餐饮服务业的构成

（一）商业性餐饮酒店

1. 酒店餐饮部门

餐饮部门是酒店的重要组成部分，作为重要的营利来源之一，是酒店的重要利润中心。餐饮部服务水平和特色在很大程度上反映了酒店的服务水平和特色，餐饮部服务质量的优劣，直接影响着酒店的经济收益和声誉。除部分快捷酒店和小型住宿旅店外，大多数酒店均含有餐饮部门。经营得好的酒店餐饮收入可与客房收入相当，甚至超过客房收入。虽然餐饮部原材料成本开支较大，毛利率不如客房高，但餐饮部相对于客房部来说，其初期投资和固定资产占用却要比客房部低得多。

酒店餐饮服务场所是社交集会的理想场所，酒店中的餐饮设施有很多类型，如中餐厅、西餐厅、特色餐厅、咖啡厅及房餐服务。许多酒店还提供宴会服务。

餐饮部是酒店获得经济效益的重要部门之一。一般占酒店总收入的 30% ~ 40%，在旅游淡季，客房利用率较低时，经营管理好的餐饮收入甚至可以超过客房收入。酒店餐饮部不仅向住店客人出售餐饮产品，而且主要向大量当地居民提供服务。有些酒店的餐饮部门甚至成了酒店的重要收入来源。

2. 社会餐饮

社会餐饮主要包括饮食店、餐馆、酒家、酒楼、饭馆、饭庄、酒吧、风味馆、专营店、茶楼等，主要指专业经营现时烹调加工销售饮食制品并为消费者提供就餐场所和消费服务的酒店。

与酒店中的餐饮部门不同，社会餐饮历史悠久，经营灵活，规模档次各异，从早点摊到大饭庄酒楼层次种类繁多，社会餐饮具有强大的竞争力和生存力。社会餐饮按照服务方式可分为餐桌服务式餐厅、自助餐厅、柜台服务式餐厅三类，按经营方式可以分为自助餐馆、快餐店、大排档、高档酒楼、酒吧、风味餐馆等。

（1）餐桌服务式餐厅　这是我们最常见的一类餐厅，可以是中式，也可以是西式。顾客入座后，由服务员点菜、上菜、清台，其最明显的特点是服务员提供桌边服务。

（2）自助餐厅　这种餐厅是顾客自助性质的，顾客点完物品和饮料后，自己将食物端至餐桌，餐厅只提供有限的服务。有些是由顾客自己加工，如西餐中的吐司、英式松饼，中餐中的火锅、烧烤等。目前在中国流行的西式快餐厅，如麦当劳、肯德基等，均属于自助餐厅，这种餐厅也颇受顾客欢迎。

（3）柜台服务式餐厅　在这种餐厅里，顾客坐在柜台旁，菜由服务员或厨师直接提供给顾客，顾客也可以欣赏厨师的表演。由于这种餐厅的服务速度非常快，所以也称为“速简餐厅”。目前在中国比较流行的日式铁板烧即属此类。

（二）非商业性餐饮机构

非商业性餐饮机构，是指设在诸如工商酒店、医院或学校内的餐饮服务场所，它在传统上重视营养和其他非经济因素，现在也有像商业性餐饮酒店一样强化经营管理的趋势。

1. 机关厂矿食堂

这类食堂主要是设在企事业单位内供内部工作人员就餐的非营利场所，单位组织往往将提供餐饮作为一种附加福利补贴给员工。大部分食堂配套有商店或小卖部提供日用品消费。这类食堂一般是日清月结，收款方式包括饭卡消费和现金消费。提供的食品既包括菜肴，也包括快餐成品。

机关食堂规模小，接待服务要求较高，在政府廉政建设加强阶段，机关食堂会成为政务餐饮服务接待的主要场所，食堂的接待环境、菜品质量与食品安全都成为管理工作重点。

机关、厂矿等酒店食堂的消费通常列入单位福利费用支出项目，食堂消费人员的消费金额通常低于食品成本。

2. 院校食堂

各类院校的餐饮服务点是非商业性餐饮机构的重要组成部分。很多学校每天要供应数千、甚至超过万名师生用餐，提供包括一日三餐和其他临时用餐。

大型非商业性餐饮机构的生产组织规模大、专业性很强，食品加工生产机械化、自动化程度高，对于食品安全与质量的要求很高，属于社会公共安全管理范畴。

院校食堂的消费属于低利或微利运营范畴，盈余部分通常补充用于食堂费用，尽管有承包运营管理现象存在，但不会有食堂所属开办主体利益提取行为的发生，因此，院校食堂属于非商业性餐饮机构。

3. 其他机构

其他机构也有提供餐饮服务的情况，如监狱、军队、宗教组织、运动场所、赌场邮轮、私人会所俱乐部等。

（三）商业性餐饮酒店与非商业性餐饮机构的差别

商业性与非商业性餐饮机构在生产运作过程、方式，对出品质量要求和控制手段等方面有着相似点，但是两者也有明显的区别，主要表现在以下几个方面。

（1）项目投资目标不同　商业性餐饮投资目的是收回投资，获取利润；非商业性餐饮服务项目投资是为了满足单位或酒店自身配套服务或生活用餐的需要。

（2）机构内的管理岗位、职务压力不同　商业性餐饮机构管理人员以经营指标为导向，非商业性餐饮机构管理人员以质量管理为核心，商业性餐饮机构人员职务压力要高于非商业性餐饮机构从业人员。

（3）管理手段、方式不同　商业性餐饮经营管理一般以增加客人消费为目标，开展营销工作；非商业性餐饮机构多关注、研究服务对象需求本身情况，以改善产品结构强化服务功能。

（4）关注结果及目标不同　非商业性餐饮机构追求接待对象的满意，以质量为目标；商业性餐饮酒店则是以酒店利润最大化为目标，成本控制的前提下，在制定酒店规格、档次、质量的基础上，追求客人的满意率。

二、餐饮酒店组织结构图

（一）饭店餐饮机构组织架构

饭店是综合性接待服务酒店，通常由餐饮部、客房部等饮食、住宿服务营业部门组成，餐饮部内部也会按照生产制作、接待服务、综合事务等职能分为部门组织，包括厨房部、餐厅部、管事部、采购与库管等组织（图 1-2）。

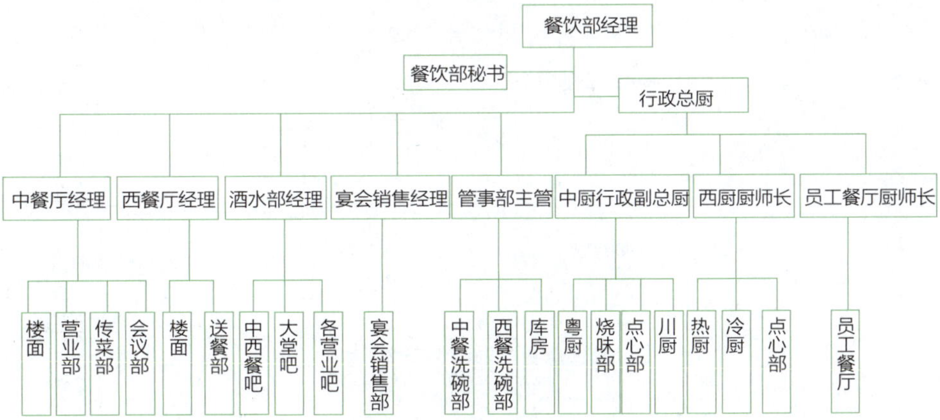

某饭店餐饮部组织架构（1）

图 1-2　某饭店餐饮部组织架构（2）

（二）社会餐饮机构

社会餐饮机构通常指社会餐饮酒楼、风味饭店、西餐厅等主营餐饮业务的酒店单位，酒店内部主要由餐厅接待服务部门、厨房生产部门、采购库房管理部门及行政财务综合工作部门组成（图 1–3）。

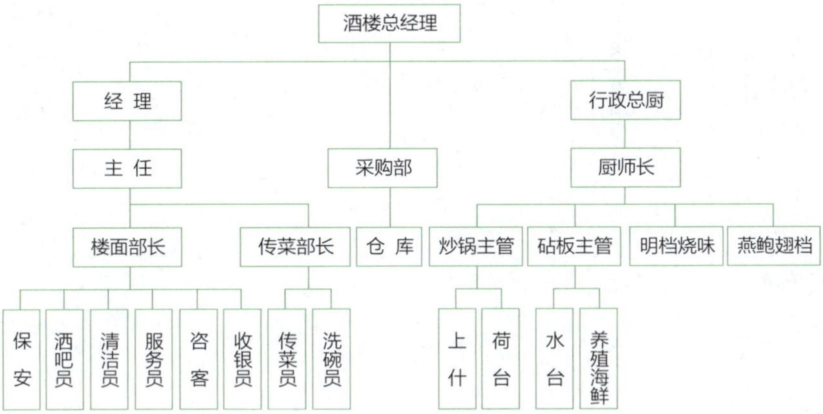

图 1–3 某社会餐饮酒楼组织架构

（三）连锁餐饮机构

连锁餐饮机构是指由同品牌餐饮经营单位（门店、摊档等营业单元）组成的酒店集团，组织内部可以是品牌、资本、管理合同等不同组织关系（图 1–4）。

（四）小型餐饮机构

小型餐饮机构通常指营业接待规模小于 100 个餐位，酒店在岗人员小于 20 人的餐饮经营酒店。

小型酒店内部组织机构简单，基本由餐厅、厨房两部分组成，财务、采购、库管等岗位没有人员负责，也没有设立专门组织部门（图 1–5）。

营业接待规模小于 30 个餐位，酒店在岗人员小于 6 人的餐饮经营酒店通常被称为小微餐饮酒店。其组织内部没有部门班组划分，完全由相关岗位人员组成，通常由业主直接运营管理。

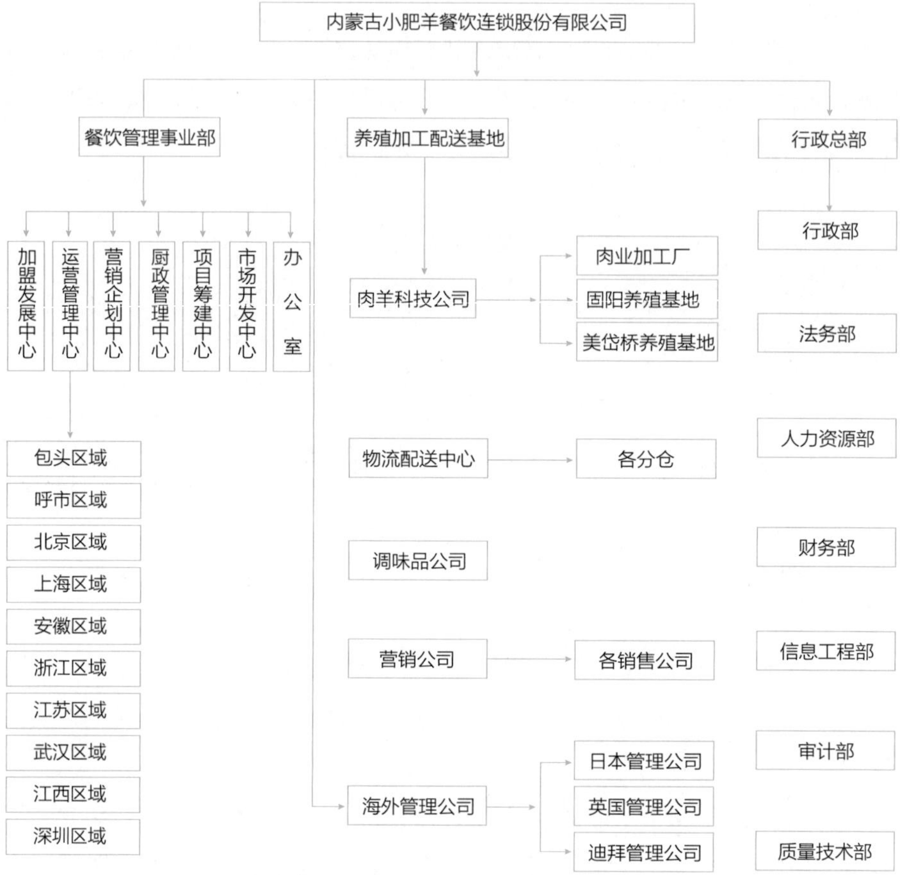

图 1-4　小肥羊餐饮连锁集团组织架构

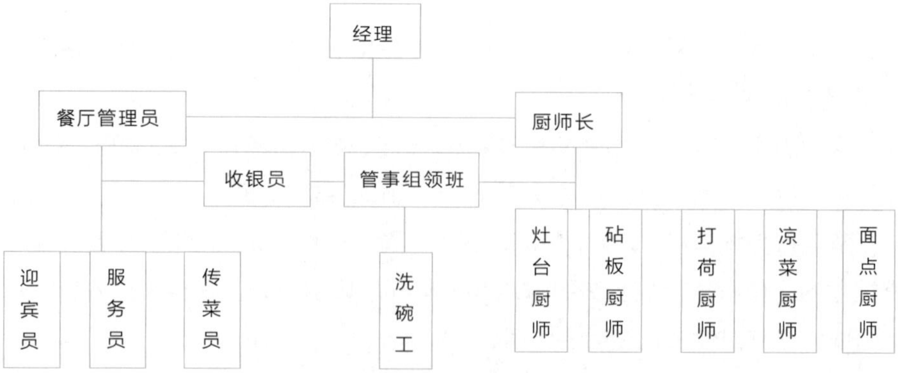

图 1-5　某小型餐饮机构组织架构

三、餐饮酒店经营模式

（一）独立经营

独立经营餐厅是指独立核算，自主经营、具有法人资格的餐厅，餐饮酒店所有权归一个或几个业主所拥有，业主可以按自己的意愿进行经营管理。大多数餐厅属于独立经营的餐厅，独立经营的与其他餐馆之间没有连锁关系。主要特点如下：

（1）投资金额可大可小，小额资本也可以成为独立经营实体。

（2）拥有独立管理决策权，决策形式简单。

（3）菜单的内容也可因地因时改变，较富弹性，能迅速适应客人饮食习惯的转变。

（4）餐饮的促销和宣传可灵活开展。

这种方式在餐饮酒店中是非常常见的，业主关系简单，经营与管理决策效率高，酒店调整变化迅速，抗风险能力不高，资源与市场有限。

（二）连锁经营

餐饮连锁经营是指直接或间接控制和拥有两家以上的餐厅，在平等协商、共同发展的基础上以相同的店名、店标出现，实行统一经营方法、统一管理模式、统一操作程序和服务标准，集中采购，分散销售，以获取经济效益的联合餐饮经营模式。参与连锁经营的餐厅称为连锁店。

连锁经营避免了传统单个进货的缺点，因为进货批量大，可以选择物美价廉的原材料，从而大大降低了采购成本。餐饮连锁经营资源共享，其物流配送中心和统一的加工基地，可以为成员餐厅提供设备、技术和经营上的支持与帮助。

连锁经营包括三种形式：直营连锁、特许经营和联号经营。

直营连锁 RC（Regular Chain）是指由公司本部直接经营投资管理各个营业店的经营形态，此连锁形态并无加盟店的存在。总部采取直线管理方式，直接管理控制所有的营业店，营业店也必须完全接受总部的指挥。直接连锁的市场特点是“渠道经营”，指通过经营渠道的覆盖与拓展从消费市场中获取利润。直营连锁的管理特征是“管理产业”。

特许加盟 FC（Franchise Chain）即由拥有技术和管理经验的总部，指导传授加盟店各项经营的技术经验及商标使用权等，并收取一定比例的权利金及指导费，此种契约关系即为特许加盟。特许加盟总部应当拥有一套完整有效的运作技术系统，使加盟店能运作以获取利益。因此，经营与技术传承复制，是特许经营的关键所在。

所谓联号经营是联号公司授予成员酒店在某特定的地点、特定的期限内按照规定的方式经营业务的权利。与管理合同不同，联号既不是租赁经营管理，也不是委托经营管理，联号公司只是提供成员就地权益品牌、各种标准和要求、营销网络、采购网络及质量控制服务。

（三）特许经营

1. 特许经营定义

（1）国际特许经营协会对特许经营的定义　特许经营是特许人和受许人之间的契约关系，对受许人经营中的如下领域，经营诀窍和培训，特许人有义务提供或保持持续的兴趣；受许人的经营是在由特许人所有的控制下的一个共同标记、经营模式和（或）过程之下进行的，并且受许人从自己的资源中对其业务进行投资。

（2）欧洲特许经营联合会对特许经营的定义　特许经营是一种营销产品和（或）服务和（或）技术的体系基于在法律和财务上分离和独立的当事人——特许人和他的单个受许人——之间紧密和持续的合作，依靠特许人授予其单个受许人权利，并附加义务，以便根据特许人的概念进行经营。双方直接或间接地经过财务上的交换协议——特许人给予并迫使单个受许人使用其商号、商标或服务标记、经营诀窍、商业和技术方法、持续体系和其他工业和（或）知识产权。这些权利都规定在双方一致同意而制定的书面特许合同的框架和条款之内。

（3）中国特许经营协会对特许经营的定义　特许人将自己拥有的商标、商号、产品、专利和专有技术、经营模式等以特许经营合同的形式授予受许人使用，受许人按合同规定，在特许人统一的业务模式下从事经营活动，并向特许人支付相应的费用。

（4）中国商务部对特许经营的定义　特许经营是指通过签订合同，特许人将有权授予他人使用的商标、商号、经营模式等经营资源，授予被特许人使用，被特许人按照合同约定在统一经营体系下从事经营活动，并向特许人支付特许经营费。

2. 特许经营类型

特许经营权是指特许人拥有或有权授予他人使用的注册商标、酒店标志、专利、专有技术等经营资源的权利。在特许经营权中，品牌和技术是核心，品牌一般表现为特许人拥有或有权授予他人使用的注册商标、商号、酒店标志等；技术包括特许人授予被特许人使用的专有技术、管理技术等。特许经营的类型包括以下几个。

（1）单体特许　特许人赋予被特许人在某个地点开设一家加盟店的权利。

（2）区域开发特许　特许人赋予被特许人在规定区域、规定时间开设规定数量的加盟网点的权利。

（3）二级特许　又称为分特许。特许人赋予被特许人在指定区域销售特许权的权利。在这种类型中，被特许人具有双重身份，既是被特许人，同时又是分特许人。

（4）代理特许　特许人授权被特许人招募加盟者。被特许人作为特许人的一个代理服务机构，代表特许人再招募被特许人，为被特许人提供指导、培训、咨询、监督和支持。

任务训练作业

一、讨论题

在互联网经济时代，特别是移动互联网的发展，对于商业性餐饮酒店及非商业性机构都带来一定的影响，请以小组形式，就“互联网+”餐饮业的发展进行展望或描述说明。

二、要求组成学习小组，完成课堂讨论

1. 学习小组讨论的规则

在独立思考后，仍有疑惑需要解决，先是一帮一，两人间的讨论，如还有困难，再扩展为4人或5人间的讨论。如遇到较难的问题记录下来，班级讨论。

2. 学习小组讨论的形式

（1）自由发言式　学生可以在小组中自由发言，同学们各抒己见。

（2）轮流发言式　小组成员围绕一个中心问题挨个发言，一人不漏。

（3）一帮一讨论式　当部分学生在难题面前尽最大努力也不能解决，而教师又无法加以个别指导的时候就可以采用这种讨论方式。

项目 2 餐饮工作人员职责

学习目标

- 能够叙述餐厅管理员工作职责；
- 能够概括说明厨师长工作职责；
- 能够概括说明服务员工作职责。

课程内容

一、主要管理岗位

（一）酒店餐饮部 / 酒楼餐馆经理

1. 岗位说明

在驻店经理 / 酒楼执行董事的领导下，全面负责餐饮业务经营管理，了解餐饮市场的现状及发展趋势，了解对客的服务状况以及餐饮产品的创新情况，改进服务及操作程序，确保产品质量标准和卫生要求，合理控制成本及毛利率，提高宾客满意度，增加经济效益。

2. 工作概述

编制餐饮预算，做好餐饮定价和成本控制、拟订促销计划，负责餐饮员工定编、招聘和培训，对下属进行评估，按照奖励制度实施奖励，对下属部门督促、抓好设备设施的维护与保养以及餐饮部财产的管理、贯彻卫生与安全制度，制订年度、月度的营业计划并分析和汇报经营情况，签署餐饮所有相关文件和单据，做好本部门与其他各部门的沟通与协作，出席定期酒店例会及组织部门例会。

3. 工作职责

（1）计划与报告

①制订酒店餐饮部年度、月度经营管理计划，并确保相关人员都能对此有充分的了解。

②定期将餐饮部的年度、月度工作计划按要求递交给酒店管理公司的餐

饮总监，并遵从管理公司餐饮总监的协调。

③定期向酒店管理公司餐饮总监递交指定的酒店有关餐饮的各种报告。

④审阅餐厅经理和行政总厨递交的工作计划和工作报告。

（2）政策、标准与流程

①按照管理公司组织结构设置标准，制订餐饮部所有员工的工作说明书。经酒店人力资源部的协调和酒店总经理的批准后执行。

②确保酒店管理公司制定的餐饮制度及产品标准的贯彻执行。

③更新改良服务流程设计、管理系统，精简运作程序，并递交管理公司餐饮总监核准实施。

（3）绩效评估

①监察餐厅、厨房有关服务、产品、设施等的一切运作。

②制订和评估餐厅经理、行政总厨的年度绩效考核。审批部门基层管理人员的年度绩效考核与检查的标准与方法。

（4）人力资源

①提名餐厅经理和行政总厨的任免，递交驻店经理批准。

②核准除餐厅经理和行政总厨外所有餐饮部管理人员的任免，并递交酒店人力资源部留档。

③遵照集团的人力资源政策和计划，落实执行餐饮部的培训计划与人力资源开发计划。

④根据人均效率及实际需要制订餐饮部各岗位人员的分配指引，递交驻店经理核准的同时递交管理公司餐饮总监做横向统计分析参考。

⑤与员工保持良好的沟通，及时掌握员工的思想状态。

（5）经营管理

①了解市场信息及竞争对手状况做好市场定位，及时协同驻店经理及总经理做出决策。

②参加酒店会议，主持部门会议，落实酒店会议相关内容，了解部门工作情况，布置部门工作。

③督导加强防火防盗安全工作和食品卫生工作，控制食品和饮品的标准、规格要求，保证产品质量。

④策划餐饮部各项重要活动如食品节、节假日活动等。

⑤了解餐饮市场发展状况，掌握酒店的菜肴状况，制订适合目前酒店市场的菜肴创新计划，并督导行政总厨落实执行。

⑥督导管理人员做好服务的创新，保证较高的服务水准。

⑦每日巡视餐厅、厨房及后台各区域，掌握服务及管理动态。

⑧每日阅读经营日报表，了解部门及各区域经营情况，掌握经营趋势，发现问题及时做出调整。

⑨拜访酒店餐饮的重要客户，与酒店宾客保持良好的沟通，掌握宾客的消费心理。

⑩对整个就餐环境及设施设备进行整体协调部署。

⑪控制原料成本，减少浪费，制定合理的定价策略，以便于有效控制毛利率。

（二）酒店餐饮部 / 酒楼餐馆餐厅管理员

1. 岗位说明

在餐饮部总监 / 酒楼经理领导下，具体负责中餐厅的日常运转和管理工作，保证以舒适的就餐环境、良好的服来吸引客源，通过向客人提供有程序、高标准的服务，来获取最佳效益。

2. 工作概述

合理安排员工的班次并做好考勤记录、检查员工仪容仪表、拟订促销计划、负责员工的培训工作、了解客情并反馈、对客人实行跟踪服务、对餐厅服务质量检查、把好出品关、对餐厅财产的管理、建立设备设施的维护与保养制度以及卫生制度、负责餐厅成本控制、处理客人各种投诉、落实安全及防火制度的实施、与相关部门联络、沟通与协调工作，完成上级交办的任务。

3. 主要职责

（1）制订餐厅年度、月度经营管理计划，领导餐厅员工积极完成各项接待任务和经营指标，努力提高餐厅销售收入；分析和报告餐厅年度、月度经营管理情况。

（2）参加餐饮总监（经理）主持的工作例会，提出合理化建议。全面掌握中餐厅预订和重要接待活动，主持召开餐厅有关会议。

（3）巡视餐厅的营业和服务情况，检查领班的工作和餐厅的服务质量，抓好餐厅设施设备的保养和卫生、安全工作。

（4）控制餐厅低值易耗品成本，抓好成本核算、节能控制，加强物品原材料的管理，降低费用，增加盈利。

（5）了解厨房的工作程序和相关知识。与厨师长保持密切联系和合作，提出有关食品销售建议，及时将客人需求反馈给厨师长，为食品原料的采购和厨房出菜提供依据。

（6）发展良好的客户关系，亲自督导或参与重要接待活动，积极征求宾客意见和建议，处理客人投诉。监督建立并完善客户接待档案。

（7）负责制定管理推销策略，服务规范和程序并组织实施，做好餐厅排班工作，监督餐厅领班制定排班表，带头执行酒店各项规章制度。

（8）负责与相关部门的工作协调，处理各类突发事件。

（9）审核餐厅的营业收入，做好结账控制工作，杜绝发生舞弊行为。

（10）负责对下属的考勤、绩效考核和评估，组织开展餐厅培训活动，掌握员工的思想状况、工作表现和业务水平，做好餐厅人才开发和培养工作。

（11）负责编定每日早、中、晚班人员，做好员工的考勤记录工作，并督导完成餐厅的日常工作。

（12）每日班前检查服务员的仪表及个人卫生、制服、头发、指甲、鞋子是否符合要求。

（13）重视下属员工的培训工作，定期组织员工实习服务技巧技能，对员工进行酒店意识、推销意识的训练，定期检查并做好培训记录。

（14）了解当天用餐人数及要求，合理安排餐厅服务人员的工作，督促服务员做好清洁卫生和餐用具、酒具的准备工作。不断改善服务质量。加强现场管理，营业时间坚持在一线，及时出现和纠正服务中出现的问题，做好工作成绩记录，作为评选每月最佳员工的依据。

（15）随时注意餐厅就餐人员的动态和服务情况要在现场进行指挥。遇有 VIP 客人或举行重要会议，要认真检查餐前准备工作和餐桌摆放是否符合标准，并要亲自上台服务，以确保服务的高水准。

（16）领导餐厅全面质量管理（QC）小组对餐厅服务质量进行检查，把好餐厅出品服务的每一关。定期召开餐厅员工会议，检讨近期服务情况，公布 QC 小组活动记录。

（17）加强对餐厅财产管理，掌握和控制好物品的使用情况，减少费用开支和物品损耗。

（18）负责餐厅的清洁卫生工作，保证环境卫生，负责餐厅美化工作，抓好餐具、用具的清洁消毒。

（19）及时检查餐厅设备的情况，建立物资管理制度，做好维护保养的工作，并做好餐厅安全和防火工作。

（20）与厨师长期保持良好的合作关系。根据季节差异、客人情况研究制定特别菜单。

（21）负责组织领班、服务员参加各种培训、竞赛活动，不断提高自身和下属的服务水平。

（22）加强与客人的沟通，了解客人对饭菜的意见，妥善处理客人的投诉，并立即采取行动予以解决，必要时报告上级经理。

（三）酒店餐饮部 / 酒楼餐馆厨师长

1. 岗位说明

在总经理领导下，全面负责中餐厨房的生产管理工作，带领员工从事菜点生产制作，保证向客人及时提供达到规定质量的产品。

2. 工作概述

负责中餐菜单的制定，厨房各种原材料的采购、储藏、验收、了解市场、掌握行情、控制成本、熟悉物源供应情况、把好出品质量关、不断研制新品种、了解员工的技术水平并制订培训计划、完成上级交办的其他任务。

3. 主要职责

（1）全面负责中厨组织、指挥和烹饪工作。

（2）了解掌握各岗人员技术水平和工作特点，根据各人专长，合理安排技术岗位。负责厨房的组织管理，做好班组的工作，协调人员的临时调配。

（3）组织厨房执行完成月度、季度、年度工作计划。

（4）组织调度、指挥大型宴会、酒会的菜品制作。督导下属带头履行各岗位职责和各项生产规格标准，主持高规格以及重要宾客菜肴的烹制工作。

（5）熟悉各种原材料种类、产地、特点、价格、淡旺季。熟悉掌握货源供应情况，与采购部保持良好的联系，保证货源供应及时，质量良好，遇有重要宴会，需亲自与采购部协商做好货源的采购工作，同时亲自检查。落实货源购进的验收和储存。

（6）负责中餐菜肴规格和制作标准的制定，参与研究开发菜肴新品及食品促销活动。定期与餐厅管理人员、预订人员了解市场行情、竞争形势以及宾客的意见。不断地研制、创新菜式。在保留餐厅传统菜式，保持特色不变的基础上，推陈出新，原则上每周出品一至两个新菜式。

（7）经常与餐厅管理人员、预订人员、采购部了解市场货源进出、其他酒店的出品价格，做好菜谱的合理定价，以掌握良好的毛利率。

（8）控制食品成本、合理使用各种原材料，减少浪费。

（9）定期参加部门例会，提出合理化建议，主持中厨房会议。做好每月的工作计划、材料领用以及月工作总结。

（10）负责审定及验收中央厨房每天所需原材料，负责中厨原料、调料申领单的审签。

（11）负责中央厨房下属的考核、评估。制订厨房员工培训计划并负责实施。

（12）严格贯彻执行《中华人民共和国食品安全法》，抓好厨房卫生工作。督导中厨房各岗位搞好环境及个人卫生，防止食物中毒事故发生。

（13）与中餐预订处、楼面部保持良好的沟通，在做到稳定和不断提高出品质量的基础上，不断改正和调整菜肴口味，提高菜肴品质，改进和提高技术水平、烹调方法。

（14）负责中央厨房所有设备、器具正确使用的检查与指导，审批器械检修报告单。

（15）严格执行消防操作规程，预防火灾事故发生。督导下属做好安全生产工作，确保食品加工和生产的操作安全。

（四）酒店餐饮部 / 酒楼餐馆管事组领班

1. 岗位说明

在行政总厨的领导下全面负责餐饮原料的初步加工供应和餐具、盛器以及其他物料的保管工作。

2. 工作概述

监督和检查厨房、洗碗间的清洁卫生、设备设施的运转情况，各种用具盘点、报损以及保养、所需物品的领用与采购、组织员工培训及员工考勤，完成上级交办的其他工作。

3. 工作职责

（1）保持愉快和整洁的职业形象。

（2）督导和检查厨房区域的清洁卫生。检查厨房、洗碗间的清洁卫生是否达到标准，督导员工做好责任区域的卫生。

（3）督导保管员做好贵重餐具的保养工作，研究并使用科学有效的方法进行保养。监督银器的洗刷、擦亮、抛光工作，检查工作质量。

（4）定期盘点瓷器、银器和玻璃器皿。防止偷窃和损坏，报告设备短缺情况及申购设备数量。

（5）申领所需清洁用品。指导混合肥皂、化碱和酸清洗液的配制。

（6）督导下属按照规范清洗各种器皿和保管各类物资，做好洗碗间的餐具破损率和消毒液、电灯、物料消耗的控制工作。

（7）定期参加部门例会及厨房例会，提出合理化建议。召开班组例会，负责本班组员工的排班和考勤工作，制订并落实相关培训计划，评估和培训员工。

二、主要生产岗位

（一）炉台 / 炒菜厨师

1. 工作概述

在总厨 / 厨师长的领导下，组织调动各镬头严格按照菜式规定，烹制各种菜肴，保证出品质量。掌握各种菜式的烹制技术、根据总厨要求保证菜式的出品、搞好区域卫生、协助同事做好其他工作、完成上级交办的其他任务。

2. 工作职责

（1）掌握各种菜式的烹制特点和技术要求。严格按照菜品主料、配料、调配和操作规程烹制，保证菜点质量。

（2）熟悉各种原材料名称、产地、特点、价格、出成率、淡旺季。协助总厨检查验收购进的货源的鲜活度、质量、数量是否符合要求，并负责原材料的保管。遇到货源变化、时令交替时，协助总厨更换菜式。

（3）服从总厨的工作调配。安排调配厨师工作，并尽可能地帮助和指导其他同事完成各项工作。

（4）协助总厨做好年终、月终所有设备用品的盘点工作。

（5）了解客情，做好开餐前的各项准备工作。对客人有特殊要求的食品，采用特殊方法烹制，满足客人需求。

（6）对需要提前加工的菜点，认真做好上粉、腌渍、煎炸、穿酿、挂排、上浆、滚、煨等半成品加工，然后按烹制要求上灶制作。

（7）根据总厨的要求设计、创新烹制新菜肴。烹制厨房提供的特式茶点和食品节、美食节等美食菜点，积极进行产品创新。

（8）按点菜单先后顺序及技术要求烹制各种食品，保证出品质量和出菜时间。

（9）做好开餐前炊具、厨具、用具及调味品等的准备工作和灶头卫生。工作完毕，精洗灶头、生产工具和做好包干区卫生，保证烹制工作的顺利开展，对需修理的设备提出建议。

（10）下班前认真检查，做好水、电、气等阀门的关闭情况，保证厨房的安全。

（11）协助管理和爱护本岗位各项设备用品，有损坏及时补充及报修。

（二）砧板厨师

1. 工作概述

负责厨房各种原材料的保管和使用、各种菜式的分量与配料、完成砧板岗位各项工作、把好原材料质量关，完成上级交办的其他任务。

2. 主要职责

（1）服从总厨的督导。完成砧板岗位的各项出品工作。

（2）负责中厨出品的日常切配工作及高级宴会、酒会的切配；头砧、二砧负责厅房和宴席，三砧、四砧负责大厅散台。

（3）负责厨房各种原材料的保管和使用。

（4）按照各种菜式的分量标准及搭配要求处理日常工作。

（5）掌握蔬菜象生雕刻的技巧和生动、新鲜的雕刻要求。

（6）掌握凉菜的拌法、拼切造型，能快速地制作出多种熟食。

（7）负责验收各种蔬菜及肉类原料的质量。

（三）打荷厨工

1. 工作概述

掌握菜肴基本烹饪方法、各种用料准备齐全、负责菜肴的外观形象设计、热爱本岗位工作、协助同事做好其他工作，完成上级交办的其他任务。

2. 主要职责

（1）与砧板厨师配合，负责厨房每日所需货物的统计、申购、验收等工作。

（2）负责厨房出品浇汁、勾芡、配色、摆样等外观形象设计，根据宴会的要求、档次和菜品的特点，合理、精心点缀，力求高雅脱俗，使菜肴能够达到美观诱人的程度。

（3）与传菜部保持良好的关系，做到出菜及时准确，检查提前装饰的菜盘，并将宴会所用的餐盘全部准备妥当。如与宴会不符，及时通知砧板调整。

（4）管理和爱护本岗位的设备、用具，如有损坏及时检查破损原因，报告总厨，并及时做好补充及维修。

（5）协助大厨做好年终设备、用品的盘点工作。

（6）在做好本职工作之后，主动自觉地协助其他同事工人保持出品的高效率和高质量。

（7）根据营业情况备齐各类器皿、用品，做好各种调味料、小料的准备工作，并做到加工精细，符合标准，品种齐全。 工作中的物品要摆放整齐，便于使用，经常查看，防霉、防变；工作完毕后合理存放各种调料、小料，防止交叉污染。

（8）准确掌握客流量及宾客进餐情况，及时调整出菜速度。

（9）协助灶台人员调理上菜次序，原料的初、热加工，出菜前的拼摆造型和原料拍粉、菜点盛器等。

（10）根据菜单要求并按上菜顺序上菜，做到不积压，不错乱，不疏漏。

（11）下班前检查设备及食品的存放，确保安全。

（12）严格执行卫生工作制度，做好包干区域的卫生工作。

（四）凉菜厨师

工作职责

（1）负责冷菜、水果盘和各种果汁的制作。

（2）贯彻食品卫生制度，严把菜食质量和卫生关。对冷菜的质量和卫生负责。

（3）接收餐厅订单，严格按规格切配装盘，准确向餐厅发放。

（4）根据餐厅的信息和客人的反馈，积极进行菜品创新，不断调整菜品的变化，提高顾客满意度。

（5）妥善保管好原材料，严格按有关卫生法规及饭店制度，冷藏、保鲜和存放食物，做好开餐后的收尾工作。

（6）随时保持个人工作岗位及包干区的卫生整洁，并做好冷菜间的消毒工作。

（7）定期检查、整理冰箱，保证存放食品的质量。

（8）正确维护并使用器械设备，并保持完好清洁。

（五）洗碗工

1. 工作概述

负责洗刷消毒各种餐具及分类存放、保证各种用具的清洁卫生、保护好餐具减少损耗、搞好个人和清洗场所的卫生工作、服从安排、完成上级交办的其他任务。

2. 主要职责

（1）在管事部领班的带领指挥下，负责洗刷消毒餐具、酒具、杂具等洗刷消毒过程，严格按程序和标准，保证餐具、酒具、杂具等的清洁卫生。

（2）及时清理餐厅、厨房的垃圾，定点摆放，定时清理，保证无异味。

（3）洗刷、消毒过程中注意保护好餐具，尽量减少损耗。

（4）做好清洁、消毒后碗具、餐具的存放，注意分类摆放。

（5）搞好个人和清洗场所的卫生工作。

三、主要服务岗位

（一）迎宾员

1. 岗位说明

在餐厅管理人员领导下，全面掌握预订信息，在开餐期间接受和安排客人预订，登记并通知服务人员。

2. 工作概述

负责处理各种预订工作、建立不同顾客档案、掌握成本核算知识、熟悉餐厅的菜系、解答客人的问询、了解市场、与其他部门的沟通、完成上级交办的其他任务。

3. 主要职责

（1）负责接收和处理客人的订餐、团队、婚宴等预订工作。建立用餐客人和团队客人档案，不断发展新客源。

（2）随时征求用餐客人和客户意见，及时准确地为就餐客人选择并引领至客人满意的餐位，安排客人就餐并递上菜单、酒水单。处理好没有餐位时的宾客关系。

（3）服从领班安排，按照工作程序与标准做好引位工作。

（4）主动热情地迎送客人，适时向客人介绍餐厅或酒店设施，回答客人询问，解答客人提出的各类问题。保持良好的服务形象。

（5）适时征询宾客的意见、建议，记录客人的相关信息，做好客史档案的信息收集工作，及时与服务人员沟通，提高宾客满意度。

（6）当班结束后，与下一班做好交接工作。营业结束，搞好所管辖区域卫生，做好收尾工作。

（二）服务员

1. 岗位说明

在餐厅管理人员领导下，与传菜员密切合作，按照工作程序与标准为宾客提供高效、优质的点菜、上菜、酒水服务、结账等环节的餐饮服务，保持良好的服务形象。

2. 工作概述

服从工作安排、做好餐前准备工作、搞好区域卫生、检查个人仪容仪表、熟悉餐厅菜品、严格按服务程序操作、严格执行工作程序、服务程序和卫生要求，努力提高服务质量。按主动、热情、耐心、礼貌、周到的要求，不断完善服务态度。为顾客提供良好的服务，遇到客人投诉立即汇报上级，完成上级交办的其他任务。

3. 主要职责

（1）认真做好餐前检查工作，并按标准摆台，准备开餐的各类用品和用具。负责区域设施、设备的清洁保养工作，保证提供幽雅、清洁、安全的就餐环境。

（2）妥善安排顾客就座，注意客人用餐情况及时更换餐具、烟灰缸，主动为客人点烟；及时清理桌面，更换干净的桌垫。

（3）熟悉菜单和酒水单，向宾客进行积极且有技巧的推销，按规格填好客人的点菜单和酒水单。

（4）及时征询宾客意见和建议，尽量帮助客人解决就餐过程中的各类问题，必要时将客人意见填写在质量信息卡上并反映给领班。

（5）遇到客人投诉，应立即汇报上级领导解决，随时满足客人的服务要求。

（6）做好区域餐具、布草、杂项的补充替换工作。

（7）当班结束后，与下一班做好交接工作，检查环境设施，做好收尾工作，杜绝能耗浪费。

（三）传菜员

1. 岗位说明

在餐厅管理人员领导下，按照工作程序与标准做好传菜工作并提供必要的送餐服务。

2. 工作概述

负责开餐的准备工作、各种物品的补充、布草领用与送洗、负责前台与后台的信息沟通、搞好区域卫生、把好出品质量关、完成上级交办的其他任务。

3. 主要职责

（1）做好开餐前毛巾等物品的准备工作，协助服务员布置餐厅、餐桌和摆台及补充各种物品。

（2）负责将厨房烹制好的菜肴食品准确及时传送给餐厅值台服务员。严格执行传送菜点服务规范，确保准确迅速。

（3）负责将值台服务员开出的单据经账台收款员盖章后传送到厨房。做好厨房和餐厅内的沟通工作。

（4）与值台服务员和厨房保持良好的协调联系，搞好前台（餐厅）与后台（厨房）的关系。

（5）负责协助值台服务员做好客人就餐后的清洁整理工作。

（6）负责传菜用具、物品及传菜间的清洁卫生工作。

（7）熟悉菜点，根据订单和划菜员的布置，将菜准确传递到餐厅内相应台位，向服务员报出菜名。

（8）及时检查所传递的菜食质量及分量，严格把好饭菜食品质量关，不符合质量标准的菜点有权拒绝传到楼面。对于不符合质量标准的菜点及时送回厨房处理。

用餐结束后，关闭热水器、毛巾箱电源，将剩余的饭送回厨房，收回托盘，搞好管辖区域的卫生，做好收尾工作，与下一班做好交接工作。

（四）吧员

1. 岗位说明

在餐厅负责人领导下，按工作程序和标准为餐厅服务人员提供宾客所点的酒水饮料。

2. 工作概述

做好每日出售物品的账目登记、开市前的准备工作、熟悉各类酒水、负责酒吧的出品、搞好区域卫生、热情待客、填写每日销售报表、完成上级交办的其他任务。

3. 主要职责

（1）主动招呼客人，热情介绍酒水。按规范做好销售服务工作。

（2）每天开餐结束后，负责填写酒水销售盘点日报表，做到报表和酒水库存数量相等，销售数和账台所收金额相等。负责酒橱、水柜酒水和其他商品的摆设、储藏。搞好柜面、场地及物品的清洁卫生，及时清理各种瓶、罐、包装物等。

（3）每日清点出售物品，做好各种账目的登记。认真填写每日销售报表。

（4）熟悉各类酒水的名称、价格、型号、产地、特点。各种酒水明码标价，字迹清晰美观。

（5）熟悉各种酒水名称和特性，对提供的酒品进行初步的质量把关。定期检查酒水、饮料的保质期，如快到期要及时通知上级以便及时处理。把好商品质量关，不卖过期变质的食品。

（6）负责酒水、饮料、香烟的领用和保管工作，每日开餐前领足当餐要用的酒水、饮料并在每天营业结束后进行清点和整理。

（7）负责所属区域的卫生工作。

（五）收银员

1. 岗位说明

在会计/财务经理领导下，以热情周到的态度及时、准确的为顾客提供结账服务。在业务上财务部门管理，在纪律上属前厅部门管理。

2. 工作职责

（1）负责吧台区域的清洁卫生，热情待客，接受客人的订餐电话和点菜记录。

（2）负责保管所领用的菜单、结账单、收据、发票等，做到单据连号使用，一张不缺。备足现金零钞，营业结束后，统计当天营业收入，填写营业日报表，菜单等单据及时上交财务室审核。

（3）正确掌握现金、支票、信用卡、签单等结账方式和程序。

（4）熟悉各菜价、酒水价，做到迅速、准确结账，不出差错，避免错账、跑账和逃账，有错账、漏账不准隐瞒，应当及时上报。

（5）严禁私自打折挂账、私自为宾客打折、降低收费价格，不得私自挪用公款。

（6）保证钱款安全，随时锁好收款机和钱柜，营业款及时上缴财务部，不得私自带款离岗。

（7）做好上下值班的交接工作，坚持“上不清、下不接”。

（8）遵守财务保密制度，不得向无关人员透露公司财务机密。认真做好每天的现金盘点和香烟盘点，发现问题及时报告。

（9）遇有疑难账务，须耐心向顾客解释或虚心请教上级。

（10）非收银台人员，未经领导同意严禁其进出。

任务训练作业

一、调研讨论

到学校食堂做调研，画出食堂组织架构图，与餐饮酒店组织机构图比较，阐述差异关系及岗位职责差异。

二、要求组成学习小组，完成课堂讨论

1. 学习小组讨论的规则

在独立思考后，仍有疑惑需要解决，先是一帮一，两人间的讨论，如还有困难，再扩展为 4 人或 5 人间的讨论。如遇到较难的问题记录下来，班级讨论。

2. 学习小组讨论的形式

（1）自由发言式　学生可以在小组中自由发言，同学们各抒己见。

（2）轮流发言式　小组成员围绕一个中心问题挨个发言，一人不漏。

（3）一帮一讨论式　当部分学生在难题面前尽最大努力也不能解决，而教师又无法加以个别指导的时候就可以采用这种讨论方式。

项目 3 餐饮业卫生与安全

学习目标

- 能够准确叙述食品化学中毒问题类型；
- 能够准确叙述微生物问题类型；
- 能够准确叙述个人卫生工作要求；
- 能够概括说明《中华人民共和国食品安全法》基本构成。

课程内容

一、食品卫生不安全因素

（一）化学中毒因素

1. 化肥、农药等对人体有害物质残留

蔬菜中残留的有机磷中毒，通过血液输送到全身各个脏器，其中毒症状主要表现为出汗、肌肉颤动、心跳加快、瞳孔缩小等，严重的可导致中枢神经系统失常。因农药引起的食物中毒事件时有发生，主要原因是农产品中有机磷残留量超出国家标准的现象较为突出。

硝酸盐本身并没有毒，但在细菌的作用下还原为亚硝酸盐。流行病学实验已经证明，硝酸盐和亚硝酸盐与食品中固有的胺类化合物是致癌物亚硝胺的前体物质，亚硝胺的诱癌时间随人体摄入量增多而缩短。

2. 抗生素、激素和其他有害物质残留

为了预防和治疗家禽、畜和水产品患病而大量使用抗生素、磺胺类等化学药物，可能造成药物残留于动物组织中。残留既包括原药，也包括药物在动物体内的代谢产物。在食品中由于药物本身的副反应或耐药性细菌种群的增长，将增加潜在健康安全问题。氯霉素等抗生素兽药残留量是欧盟各国对我国出口肉食品检验检疫的重点。盐酸克伦特罗（“瘦肉精”）兴奋剂食品的消费者会引起中毒反应，严重者甚至死亡。

3. 重金属污染

人们较早就对食品的重金属污染问题加以重视。重金属污染以镉污染较为严重，其次是汞、铅等，污染物多为粮食作物，非金属砷的污染也不可忽视。多数金属在体内有蓄积性，半衰期较长，能产生急性和慢性毒性反应，可能还会有致畸、致癌和致突变的潜在危害。

4. 食品添加剂超量使用

超量使用食品加工添加剂可能对人体造成危害。如面粉中超标量使用增白剂“过氧化苯甲酰”；腌菜中超标量使用苯甲酸；在饮料中超标使用的化学合成甜味剂等问题。

5. 非食品加工中化学添加物的滥用

在食品加工制造过程中，非法使用和添加超出食品法规允许适用范围的化学物质（其中绝大部分对人体有害）。例如：使馒头、包子增白用的二氧化硫；使大米、饼干增亮用的矿物油；用甲醛浸泡海产品使之增韧、增亮，延长保存期；改善米粉、腐竹口感使用“吊白块”（一种化工原料，学名甲醛次硫酸氢钠）等。

（二）微生物因素

1. 毒素污染

毒素主要来源于自然界，如贝类毒素和真菌毒素。贝类毒素不易被加热破坏，所以其危害性是相当大的。浙江、福建、广东等地曾多次发生贝类中毒，中毒症状主要表现为突然发病、唇舌麻木、肢端麻痹、头晕恶心、胸闷乏力等，部分病人伴有低烧，重症者则昏迷、呼吸困难，最后因呼吸衰竭窒息而死亡。导致中毒的是一蚶子、花蛤、香螺、织纹螺等常食用的贝类。真菌存在于大多数的农产品中，真菌毒素直接或间接进入食物链导致动植物食品受到毒素污染。在众多的真菌毒素中，黄曲霉毒素是众所周知的最危险的毒素之一，是一种强致癌物。黄曲霉毒素常存在于花生、坚果等粮油类食品及其制品中，毒素污染是目前极为严重的食品安全问题。

2. 病原微生物控制问题

食品加工制造过程和包装储运过程中如有不慎就会致使微生物大量繁殖。易造成食物中毒的病原微生物主要有：致病性大肠杆菌、金黄色葡萄球菌、沙门氏菌等。病原微生物引起的食物中毒事件每年都有发生，尤其在气温较高的夏、秋季节更容易发生。集体食物中毒大多由微生物引起。

3. 腐败变质食物销售

食品基本都以动植物生物组织作为主要成分。这些物质在一定条件下会发生一系列的化学和生物变化，产生各种对人体有害的物质。比如变质的鲜奶、酸奶、鲜肉，超过保质期的糕点、果汁饮料等。

（三）其他因素

1. 劣质原料食品

用病死畜禽加工熟肉制品、用“地沟油”加工油炸食品等使用劣质原料加工食品问题，给食品安全造成极大隐患。

2. 假冒伪劣食品

假冒伪劣食品如：用化学合成物质掺兑的酱油、食醋；粗制滥造的饮料、冷食品；水果表面用染料涂色；用工业酒精制造假酒、甲醇假冒白酒等。这些都对人体健康损害严重。

3. 转基因食品问题

转基因食品对人体健康的危害及转基因产品是否对人体无毒、无副作用，转基因产品与非转基因产品是否“实质等同”无显著差异等问题已被社会广泛关注。从国内外对转基因生物的研究来看，转基因食品具有以下几个方面的潜在危险：可能损害人类的免疫系统（标记基因）；可能产生过敏综合征；可能对人类有毒性；对环境和生态系统有害；对人类和人体存在未知的危害。

二、个人卫生与安全操作卫生要求

（一）食品安全法规要求

《中华人民共和国食品安全法》第三十四条规定：“食品生产经营者应当建立并执行从业人员健康管理制度。患有痢疾、伤寒、病毒性肝炎等消化道传染病的人员，以及患有活动性肺结核、化脓性或者渗出性皮肤病等有碍食品安全的疾病的人员，不得从事接触直接入口食品的工作。食品生产经营人员每年应当进行健康检查，取得健康证明后方可参加工作。”

（二）餐饮酒店人员卫生规范要求

（1）要坚持四勤（勤洗手、剪指甲；勤洗澡、理发；勤换洗衣服、被褥；勤换洗工作服、帽）。

（2）仪容仪表符合要求（按规定着装、上班不戴戒指、耳环，男不留长发、女发不披肩、化淡妆）。

（3）操作时不吸烟、工作时不做有碍服务形象的动作，如抓头发、剪指甲、掏耳朵、伸懒腰、剔牙、揉眼睛、打哈欠。咳嗽或打喷嚏时，要用手帕掩住口鼻等。

（4）每年必须进行健康检查，新参加工作者和临时工也必须进行体检，取得健康证后方可参加工作。

（5）凡患有五种传染病：痢疾、伤寒、病毒性肝炎（包括病毒携带者）、活动性肺结核、化脓性或渗出性皮肤病，及时停止操作食品工作，进行治疗，经医生证明确已治愈无传染性后才能恢复工作。有其他有碍食品卫生的疾病如流涎症、肛门瘘、膀胱瘘等，不得参加接触直接入口食品工作。

（三）食品采购环节要求

（1）制订食品采购计划　确定采购食品的品种、品牌、数量等相关计划安排。

（2）选择供货商　要认真查验供货商的主体资格证明，保证食品的来源合法。

（3）签订供货合同　与供货商签订供货合同，明确双方的权利义务，特别是出现食品质量问题时双方的责任和义务。

（4）索取食品的相关资料　向供货商索取食品的相关许可证、QS 认证证书、商标证明、进货发票等证明材料，采用扫描、拍照、数据交换、电子表格等科技手段建立供货商档案备查。

（5）对食品进行查验　具备条件时设立食品检测室，对供货商提供的食品进行检测并做好详细记录。经查验不合格的食品，通知供货商做退货处理。

（6）每一批次的进货情况详细记录进货台账，账目保管期限为两年。

（四）食品储存环节要求

（1）设立食品储存仓库　专门用于存放查验合格的食品。

（2）详细记录食品入库信息　食品入库要详细记录商品的名称、商标、生产商、进货日期、生产日期、保质期、进货数量、供货商名称、联系电话等信息。

（3）按照食品储藏的要求进行存放　食品要离墙离地，按入库的先后次序、生产日期、分类、分架、生熟分开、摆放整齐、挂牌存放。严禁存放变质、有臭味、污染不洁或超过保存期的食品。

（4）储存直接入口的散装食品，应当采用封闭容器。在储存位置标明食品的名称、生产日期、保质期、生产者名称及联系方式等内容。

（5）食品出库要详细记录商品流向 批发销售的情况应建立销售台账，详细记录购买方的信息，以备查验，账目保存期限为两年。

（6）每天对库存食品进行查验 发现食品有腐烂、变质、超过保质期等情况时，要立即进行清理。

（7）每周对仓库卫生检查一次 确保库存通风良好、干净整洁，符合食品储存要求。

（8）变质食品设立专门的仓库或窗口进行保管。不得同合格的食品混放在一起，以免造成污染。

（五）食品销售环节要求

（1）每天对食品进行查验 销售人员要按照食品标签标示的警示标志、警示说明或者注意事项的要求销售预包装食品，确保食品质量合格和食品安全。

（2）对即将到达保质期的食品，集中进行摆放，并做出明确的标示。

（3）用于食品销售的容器、销售工具必须符合卫生要求。

（4）销售散装食品，应当在散装食品的容器、外包装上标明食品的名称、生产日期、保质期、生产经营者名称及联系方式等内容。

（5）销售散装、裸装食品必须有防蝇防尘设施，防止食品被二次污染。

（6）批发销售的情况应当建立销售台账备查，账目保管期限为两年。

（六）不合格食品退市

（1）食品安全管理人员在食品经营中发现经营的食品不符合食品安全标准，或接到执法部门、生产酒店的召回通知，应当立即停止营业，下架封存，做好登记，并及时通知政府监管部门。

（2）通知相关生产经营者或供货商，并记录停止经营和通知情况。

（3）在经营场所向消费者公示召回食品的名称、批号等信息，并安排专人处理消费者退货事宜。

（4）被召回食品，食品安全管理人员应当进行无害化处理并予以封存，做好记录，严禁再次流入市场。

（5）召回及封存食品的情况要及时通知供货商即政府监管部门。

（6）不合格食品的处置。与供货商有合格约定的，按照约定执行。政府监管部门有明确要求的，按照政府部门的通知要求进行处置。

（7）政府部门命令召回的不合格食品，其召回和销毁处理流程依照《中华人民共和国食品安全法》等法律法规的规定及政策监管部门的通知要求执行。

（8）不合格食品退换货、下架封存、召回等处置资料，要建立专门的档案进行保管，以备查验。

（七）厨房生产与出品环节要求

1. 原料阶段的安全要求

采购原料时，购进的原料必须经验收人员验收，验收是对所采购原材料的卫生质量的把关，验收检查时，要仔细复检每种食品原料，保证没有明显的损坏。

在原材料的储藏保管阶段，要坚持“先进先出”的原则，切实做好各个原料保管区内的清洁卫生，熟悉了解食品原料的保质期、保鲜期。对原材料卫生质量怀疑不干净的，不能用于烹调加工之中，从而保证用于生产加工的原料符合卫生安全标准。

2. 生产阶段的安全要求

建立完善的厨房卫生操作程序是落实厨房卫生工作的主要管理手段，强制厨房工作人员在工作中树立高度的卫生意识和责任意识，按严格的程序和标准操作，具体要求如表 1–1 所示。

表 1–1　员工生产阶段的要求及行为规范

要求	理由	员工行为规范
1. 不要把食物放在地上	食物很容易被地上的脏物污染	存放在容器内
2. 食物不要靠墙存放	妨碍空气流通	食物要离墙存放
3. 剩余食物不要遗漏	避免污染	将剩余食物处理好
4. 不要长时间使食物处在温度为 8 ~ 60℃的环境中	8 ~ 60℃是个危险区域，细菌会迅速繁殖	及时加工处理，或存放在冰箱中
5. 食物解冻后不能再次冷冻	质量降低，细菌数增加	一次用掉或熟后再储藏
6. 食物不要煮得半生不熟	避免污染	加热食物时不要间断
7. 若食物变质，不要品尝	保护员工健康	不要使用看上去有问题的原料

续表

要求	理由	员工行为规范
8. 水果或蔬菜未洗过不能供应，罐头食品未洗过盖子不能开盖	避免污染	先彻底清洗水果、蔬菜，再进入下一道工序，罐头食品盖子洗过后才开盖
9. 设备、工具、餐具上不得有食物屑残留	避免污染	厨房设备、工具用后要清洗干净，餐具用前要检查
10. 餐具有裂缝或缺口的不能使用	细菌可能在裂缝中生长	不使用有裂缝或缺口的餐具
11. 不要用手拿餐具、用具入口部分或碗口	细菌从手传播到这些食具上	碟子要拿边，碗用托盘托
12. 不要使头发松散	头发落在食物里可能造成污染	戴好工作帽
13. 手不要摸脸，摸头发，不要在口袋里，不要接触钱币	可能污染	如果必须做这些事时，事后要彻底洗手
14. 不要嚼口香糖之类的东西	它可以散布传播	工作时间不嚼口香糖之类的东西
15. 不要将账单或铅笔衔在口上，不要将笔、香烟夹在耳朵上	可传播细菌，也不美观	账单要拿在手上，笔和香烟放在口袋里
16. 避免打喷嚏、打哈欠或咳嗽	散布传染病	如果不能避免，则一定要侧转身离开食物或客人，并要掩嘴，事后洗手
17. 不要随地吐痰	散布传染病	在指定地点吐痰
18. 工作时间不能吃东西	散布传染病	在指定休息时间吃东西
19. 工作时间不能吸烟	传播尼古丁毒素和疾病	休息时在指定的地点吸烟，吸完后彻底洗手
20. 不要把工作围裙当作毛巾用	洗干净的手被工作围裙污染	使用便纸
21. 不要用脏手工作	可能污染	用肥皂洗手，搓满泡沫，清水冲净，用纸巾擦干
22. 拿过脏碟子的手在未洗净之前，不要去拿干净的碟子	可能污染	该两步骤间要彻底洗手
23. 不要用手接触或取用食物	皮肤也会散布传染病	使用合适的手套或服务工具
24. 不要穿脏服工作	脏物隐藏传染病	穿干净的工作服和围裙

续表

要求	理由	员工行为规范
25. 避免戴过多的首饰	首饰易导致污染	尽量少戴首饰
26. 不要不洗澡就工作	避免细菌污染	每天洗澡
27. 不要用同一把刀不洗就切蔬菜	散布细菌	用后要清洁干净
28. 切完生肉的刀和菜墩不可又切熟料	散布细菌	切生熟料的刀和菜墩要分开使用
29. 不要带病上班	增加细菌传播机会	要告知情况以便有人替班
30. 不要带外伤上班	增加伤口发生感染和散布感染的机会	伤口要用适合的绷带包好
31. 健康证已失效者不应上班	预防传染性疾病的传播	要注意健康证有效期，及时体检及更换
32. 不要在洗涤食物的水槽里洗手	污染食物	使用指定的洗手槽
33. 不要用手指沾食物尝味	食物被唾液污染	用匙尝味，并只能使用一次
34. 已送餐的菜点不得向客人供应	菜点经客人用过会传播疾病	把菜点扔掉
35. 不要把食物放在敞开的容器里	空气中的灰尘可以污染食物	食物要存放在封闭的容器里
36. 不要用毛巾擦干餐具或用具	可能污染细菌	自然滴干水分
37. 不要将食物与垃圾放在一起	增加细菌传染机会	分别放在合适的地方

3. 出品销售阶段要求

服务人员送菜、分菜及对顾客用餐过程的服务的整个环节，必须重视卫生问题。菜点在供应前和供应过程中应该遮盖，避免菜品因灰尘、苍蝇、打喷嚏、咳嗽等因素而受到污染。冷食在供应前应放在冰箱里，许多餐厅有冰藏设备，甚至可使冷食在供应过程中都被冷冻着，菜点要按时装盘，出于质量和卫生的缘故，应在供应菜点时才装盘，不要过早将菜点装入盘中，在厨房内有菜点溅出时，一定要用干净的湿毛巾及时擦去，不留痕迹。

厨房人员在将菜点装盘、出品分菜时必须用筷子、夹子、勺等用具，不可用手接触菜点。服务人员在拿餐具时只能握柄或托盘，任何餐具或用具的入口部分，不能用手接触。用过的食物不能再食用，对顾客吃剩的菜点禁止再食用。

分食工具要清洁，对于使用过的分食工具一定要确保清洁，妥善放置，分食生食的工具不能用于分食熟食。

三、餐饮食品安全管理

（一）食品安全法规与政府管理机构

《中华人民共和国食品安全法》（2009 年 2 月 28 日第十一届全国人民代表大会常务委员会第七次会议通过，2015 年 4 月 24 日第十二届全国人民代表大会常务委员会第十四次会议修订）总则部分明确阐明的食品安全管理的制度要求。节录如下：

第一章　总则

第一条　为了保证食品安全，保障公众身体健康和生命安全，制定本法。

第二条　在中华人民共和国境内从事下列活动，应当遵守本法：

（一）食品生产和加工（以下称食品生产），食品销售和餐饮服务（以下称食品经营）；

（二）食品添加剂的生产经营；

（三）用于食品的包装材料、容器、洗涤剂、消毒剂和用于食品生产经营的工具、设备（以下称食品相关产品）的生产经营；

（四）食品生产经营者使用食品添加剂、食品相关产品；

（五）食品的贮存和运输；

（六）对食品、食品添加剂、食品相关产品的安全管理。

供食用的源于农业的初级产品（以下称食用农产品）的质量安全管理，遵守《中华人民共和国农产品质量安全法》的规定。但是，食用农产品的市场销售、有关质量安全标准的制定、有关安全信息的公布和本法对农业投入品作出规定的，应当遵守本法的规定。

第三条　食品安全工作实行预防为主、风险管理、全程控制、社会共治，建立科学、严格的监督管理制度。

第四条　食品生产经营者对其生产经营食品的安全负责。

食品生产经营者应当依照法律、法规和食品安全标准从事生产经营活动，保证食品安全，诚信自律，对社会和公众负责，接受社会监督，承担社会责任。

第五条 国务院设立食品安全委员会，其职责由国务院规定。

国务院食品药品监督管理部门依照本法和国务院规定的职责，对食品生产经营活动实施监督管理。

国务院卫生行政部门依照本法和国务院规定的职责，组织开展食品安全风险监测和风险评估，会同国务院食品药品监督管理部门制定并公布食品安全国家标准。

国务院其他有关部门依照本法和国务院规定的职责，承担有关食品安全工作。

第六条 县级以上地方人民政府对本行政区域的食品安全监督管理工作负责，统一领导、组织、协调本行政区域的食品安全监督管理工作以及食品安全突发事件应对工作，建立健全食品安全全程监督管理工作机制和信息共享机制。

县级以上地方人民政府依照本法和国务院的规定，确定本级食品药品监督管理、卫生行政部门和其他有关部门的职责。有关部门在各自职责范围内负责本行政区域的食品安全监督管理工作。

县级人民政府食品药品监督管理部门可以在乡镇或者特定区域设立派出机构。

第七条 县级以上地方人民政府实行食品安全监督管理责任制。上级人民政府负责对下一级人民政府的食品安全监督管理工作进行评议、考核。县级以上地方人民政府负责对本级食品药品监督管理部门和其他有关部门的食品安全监督管理工作进行评议、考核。

第八条 县级以上人民政府应当将食品安全工作纳入本级国民经济和社会发展规划，将食品安全工作经费列入本级政府财政预算，加强食品安全监督管理能力建设，为食品安全工作提供保障。

县级以上人民政府食品药品监督管理部门和其他有关部门应当加强沟通、密切配合，按照各自职责分工，依法行使职权，承担责任。

第九条 食品行业协会应当加强行业自律，按照章程建立健全行业规范和奖惩机制，提供食品安全信息、技术等服务，引导和督促食品生产经营者依法生产经营，推动行业诚信建设，宣传、普及食品安全知识。

消费者协会和其他消费者组织对违反本法规定，损害消费者合法权益的行为，依法进行社会监督。

第十条 各级人民政府应当加强食品安全的宣传教育，普及食品安全知识，鼓励社会组织、基层群众性自治组织、食品生产经营者开展食品安全法律、法规以及食品安全标准和知识的普及工作，倡导健康的饮食方式，增强消费者食品安全意识和自我保护能力。

新闻媒体应当开展食品安全法律、法规以及食品安全标准和知识的公益宣传，并对食品安全违法行为进行舆论监督。有关食品安全的宣传报道应当真实、公正。

第十一条　国家鼓励和支持开展与食品安全有关的基础研究、应用研究，鼓励和支持食品生产经营者为提高食品安全水平采用先进技术和先进管理规范。

国家对农药的使用实行严格的管理制度，加快淘汰剧毒、高毒、高残留农药，推动替代产品的研发和应用，鼓励使用高效低毒低残留农药。

第十二条　任何组织或者个人有权举报食品安全违法行为，依法向有关部门了解食品安全信息，对食品安全监督管理工作提出意见和建议。

第十三条　对在食品安全工作中做出突出贡献的单位和个人，按照国家有关规定给予表彰、奖励。

（二）食物中毒事件处理程序

食物中毒以恶心、呕吐、腹痛、腹泻、昏迷等为主要症状。在酒店如发现任何人士有中毒情形，无论是误服或故意服毒，应立即报告主管人员。

除立即报警外，还需采取以下措施。

（1）拨打急救中心电话“120”呼救，并通知中毒者的单位或亲友。

（2）保护中毒者所在现场，防止当事人擅自毁掉可疑食物。

（3）不要让任何人触摸有毒或可疑有毒的物品（如：药物、容器、饮品及食物、呕吐物等）。

（4）应收集客人所用的所有食品、餐具，半成品或原料，采集病人排泄物或呕吐物样品取样备检，并报告卫生防疫部门，以查明中毒原因。

（5）将中毒者的私人物品登记交与警方，防止闲杂人员围观，将有关资料（包括警车、救护车到达及离开的时间、警方负责人姓名等资料）登记备案。

（6）发现投毒者或可疑人员，立即交警方处理。

（7）为防止其他客人继续中毒，还应对相关食品、餐具进行控制和查证。

此外，饭店还应通知客人的单位和家属，做好客人治疗、康复期间的善后工作。如果查证，中毒责任在饭店一方，饭店应给予客人相应的经济与精神赔偿。客人就诊期间，酒店应主动尽人道责任，指派专人到医院进行探望和慰问。注意保密，防止事态扩大。

任务训练作业

一、学习研讨

学习《中华人民共和国食品安全法》，分组讨论餐饮行业食品安全问题与管理建议。

二、要求组成学习小组，完成课堂讨论

1．学习小组讨论的规则

在独立思考后，仍有疑惑需要解决，先是一帮一，两人间的讨论，如还有困难，再扩展为4人或5人间的讨论。如遇到较难的问题记录下来，班级讨论。

2．学习小组讨论的形式

（1）自由发言式　学生可以在小组中自由发言，同学们各抒己见。

（2）轮流发言式　小组成员围绕一个中心问题挨个发言，一人不漏。

（3）一帮一讨论式　当部分学生在难题面前尽最大努力也不能解决，而教师又无法加以个别指导的时候就可以采用这种讨论方式。

项目 4 餐饮营养基础

学习目标

- 能够准确描述营养素与食物来源；
- 能够叙述说明人体对热量、脂肪与胆固醇、钠的合理健康需求；
- 能够概括说明餐饮运营过程中应当关注的营养问题。

课程内容

一、营养元素生理功能与食物来源

（一）蛋白质生理功能及食物来源

1. 生理功能

（1）构成和修补人体组织，神经、肌肉、内脏、血液、骨骼甚至指甲和头发，没有一处不含有蛋白质，蛋白质是组成人体一切组织和细胞的基础物质，大约占人体重量的 16%。

（2）构成机体几乎所有的生命活性的物质，包括酶类、激素、抗体及免疫物质以及形成机体的渗透压。

（3）机体很多重要的代谢物质营养素的载体，如脂类、维生素、矿物质都需要蛋白质携带和转运。

（4）提供能量，1 克蛋白质在体内彻底氧化分解可释放 4 千卡的能量，但碳水化合物和脂肪提供能量不足时才能供应热量。供给量及食物来源推荐提供量成人每日每千克体重为 1.0 ~ 1.2 克，儿童孕妇更高，蛋白质产热占总热能的 10% ~ 15%。

2. 食物来源

含蛋白质数量丰富、质量良好的食物有牛奶、鸡蛋、瘦肉、鱼类、豆类和粮谷类。

（二）碳水化合物的生理功能及食物来源

1. 生理功能

（1）供给热能，1克碳水化合物在体内氧化可产生4千卡热量。

（2）构成身体组织，如构成细胞膜的糖蛋白，构成结缔组织的粘蛋白。

（3）保护肝脏解毒的作用，肝内肝糖原充足，可保护肝脏免受有毒因素的损伤，又能保持肝脏的解毒功能。

（4）节约蛋白质及防止酸中毒，碳水化合物充足可减少蛋白质的消耗，还可防止脂肪氧化产生过多的酮体而造成酸中毒。

（5）调节血糖，碳水化合物分为“快速释放能量”和“缓慢释放能量”，前者短期内释放大量的热量，随后血糖大幅下降。后者可提供更持续的能量，有利稳定血糖，包括新鲜水果、蔬菜、粗粮等。

2. 食物来源

供给量及来源占总能量的60% ~ 70%为宜，主要来源于植物性食物，如谷类、薯类、水果、蔬菜、糖类。

（三）脂肪的生理功能及食物来源

1. 生理功能

（1）供给热量1克脂肪在体内氧化产热9千卡。

（2）促进脂溶性维生素的吸收，脂肪是维生素A、维生素D、维生素E、维生素K的良好溶剂。

（3）供给人体的必需脂肪酸。

（4）构成组织细胞，磷脂和胆固醇是人体细胞的主要成分。

（5）保护机体脏器以及增进食欲与饱腹感。

2. 食物来源

供给量及食物来源成人脂肪能量占总能量20% ~ 30%，幼儿30% ~ 35%。必需脂肪酸来源于植物油类，如大豆、玉米油、芝麻油、坚果类食品以及深海鱼类等。

（四）维生素的生理功能及食物来源

维生素的生理功能及食物来源如表1-2所示。

表 1-2　　维生素的生理功能及食物来源

名称	生理功能	食物来源
维生素 A	防止夜盲症和视力减退；促进发育，强壮骨骼，维护皮肤、头发、牙齿、牙床的健康；抗呼吸道感染，维持组织或器官表层的健康；抗氧化，有助祛除老年斑，细腻皮肤	肝、胡萝卜、黄色蔬菜、水果、蛋类、牛奶、奶制品、鱼肝油等
维生素 C	治疗牙龈出血；帮助降低血液中的胆固醇；增强免疫系统功能；具有抗癌作用；预防感冒；预防坏血病；美白肌肤；促进钙和铁的吸收	绿叶蔬菜、青椒、番茄、辣椒、菜花、土豆、杏、苹果、桃等
维生素 D	促进钙和磷的吸收与利用，强健骨骼和牙齿；帮助维生素 A 的吸收，有助于对结膜炎的治疗	肝、鱼肝油、乳品、蛋、鱼等
维生素 E	延缓细胞老化，保持青春的容颜；供给体内氧气，使人更有耐力；防止血液凝固；减轻疲劳；以利尿剂的作用来降低血压；防止流产；有助于减轻腿抽筋和手足僵硬的状况	大豆、植物油、麦芽、干果、绿叶蔬菜、未精制的谷类、蛋等
维生素 K	促进血液凝固，帮助预防与治疗凝血酶原过低等引起的出血	酸奶酪、蛋黄、大豆油、鱼肝油、海藻类、绿叶蔬菜等
维生素 B_1	促进成长；帮助消化，特别是碳水化合物的消化；改善精神状况；减轻晕机、晕船状况；维持神经组织、肌肉、心脏活动的正常	米糠、全麦、燕麦、花生、猪肉、番茄、茄子、小白菜、牛奶等
维生素 B_2	促进发育和细胞的再生；促使皮肤、指甲、毛发的正常生长；帮助消除口腔内的炎症；增进视力，减轻眼睛的疲劳；和其他的物质相互作用来帮助碳水化合物、脂肪、蛋白质的代谢	牛奶、绿叶蔬菜、肝、蛋、鱼、奶酪等
维生素 B_3	促进消化系统的健康，减轻胃肠障碍；预防和缓解严重的偏头痛；促进血液循环，使血压下降；降低胆固醇和甘油三酯；防止口臭；减轻腹泻现象	全麦制品、糙米、绿豆、芝麻、花生、香菇、紫菜、无花果、肝、蛋、鱼、鸡肉、瘦肉、乳品等
维生素 B_5	有助于伤口愈合；防止疲劳；缓解多种抗生素的毒副作用	绿叶蔬菜、未精制的谷物、玉米、豌豆、花生、坚果类、蜜糖、瘦肉、动物内脏等

续表

名称	生理功能	食物来源
维生素 B_6	能适当的消化、吸收蛋白质和脂肪；防止各种神经、皮肤的疾病；缓解呕吐；促进核酸的合成，防止组织器官的老化；缓解夜间肌肉的痉挛、脚的抽筋、手的麻痹等各种手足神经炎的症状	绿叶蔬菜、啤酒、小麦麸、麦芽、肝、大豆、甘蓝、糙米、蛋、燕麦、花生、核桃等
维生素 B_{12}	促进红血球的形成和再生，预防贫血；促进儿童发育，增进食欲；增强体力；维持神经系统的正常功能；消除烦躁不安；能使碳水化合物、脂肪、蛋白质适宜的为体内所利用；促使记忆力集中	动物内脏、瘦肉、蛋、鱼、乳品、紫菜、南瓜等
叶酸	增进皮肤的健康；在身体衰弱（健康状态不良）时，可增进食欲；防止口腔黏膜溃疡；预防贫血	深绿叶蔬菜、肝、胡萝卜、南瓜、土豆、豆类、香蕉、辣椒、坚果、全麦、蛋黄、鱼肝油等
生物素	防止白发；对谢顶症有预防治疗作用；缓解肌肉的疼痛；减轻湿疹、皮炎症状	糙米、小麦、草莓、柚子、葡萄、啤酒、肝、蛋、瘦肉、乳品等

（五）矿物质的生理功能及食物来源

矿物质的生理功能及食物来源如表 1-3 所示。

表 1-3　矿物质的生理功能及食物来源

名称	生理功能	食物来源
钙	维持强健的骨骼和健康的牙齿；维持有规律的心律；缓解失眠症；帮助体内铁的代谢；强化神经系统	动物性食品有虾皮、虾米、乳类、蛋类等。植物性食品有大豆及其制品、海带、芝麻酱、雪里红、油菜、青豆、毛豆、木耳等
铁	促进发育；增加对疾病的抵抗力；防止疲劳；可预防和治疗因缺铁而引起的贫血；使皮肤恢复良好的血色	猪肝、牛肾、牛心、牛肝、生蚝、陶肝、瘦肉、蛋黄、牡蛎、坚果类、豆类、芦笋、燕麦等
锌	加速人体伤口愈合；消除指甲上的白色斑点；防止味觉丧失；有助于预防前列腺疾病；促进生长发育和使思维敏捷；减少胆固醇的蓄积；有助于治疗精神失常	肉类、动物肝脏、海鲜（尤其是牡蛎）、麦芽、啤酒酵母、南瓜子、蛋、脱脂奶粉、芥末粉等

续表

名称	生理功能	食物来源
硒	是一种较强的抗氧化剂，能加强免疫系统的功能和清除自由基；有预防肿瘤的作用；加强心脏和肝脏的健康，预防前列腺肿大	海产品、腰子、动物肝脏、小麦胚芽、洋葱、番茄等
铬	葡萄糖耐量因子，促进胰岛素的分泌并使胰岛素正常发挥作用；参与碳水化合物和脂肪的代谢，维持血糖和血浆胆固醇的正常，减少糖尿病和动脉硬化的发生	牛肝、麦芽、酵母、鸡肉、玉米油、蛤类等
碘	活化100多种酶；调节能量转换；调节人体新陈代谢，加速生长发育；维持神经肌肉组织正常结构；通过甲状腺素发挥生理作用，促进蛋白质合成	海带和其他海藻类、洋葱以及海鲜类
钾	可输送氧气到脑部，增进思路的清晰；降低血压；有助于对过敏症的治疗	柑橘类、香瓜、番茄、绿叶蔬菜、香蕉、马铃薯、水芹等
镁	协助抵抗忧郁症；促进心脏、血管的健康，预防心脏病发作；使牙齿更健康；防止钙沉淀在组织和血管壁中，防止产生肾结石、胆结石；改善消化不良；与钙并用，可作为天然的镇静剂	未研磨的谷类、无花果、杏仁、坚果类、各种种子、深色绿叶蔬菜、香蕉等

（六）水的生理功能

（1）参与体内一切物质的新陈代谢。

（2）水在体内有润滑作用。

（3）运输体内物质。

（4）有非凡的溶解能力。

（5）调解体温。

（6）参与食物的消化。

（七）膳食纤维的生理功能及食物来源

1. 生理功能

膳食纤维可通过延长口腔咀嚼，增强牙齿的咀嚼功能，促进牙齿发育健全。

膳食纤维可以增加口腔咀嚼时间，有利于食物消化。

促进结肠功能，预防结肠癌。

膳食纤维吸水性强，使粪便体积增大，防治便秘。

膳食纤维能增加肠道中胆固醇的排泄，降低胆汁和血清胆固醇的浓度，预防胆结石形成。

减缓糖分被吸收进血液的速度，有助于稳定血糖。

产生饱腹感，控制体重，防止肥胖。

2. 食物来源

膳食纤维在谷、薯、豆类及蔬菜水果等植物性食品中含量丰富。

二、餐饮消费关注的营养问题

（一）热量

卡路里（calorie）是能量单位（简称卡，英文缩写cal），由英文Calorie音译而来，定义是在1个大气压下，将1克水提升1摄氏度所需要的热量；在中国大陆与台湾地区作为食物热量的法定单位，现在被广泛应用于营养计量和健身手册上。

人类生存需要能量，并从食物中获取该能量。一般来说，成人每天至少需要1500千卡的能量来维持身体机能，基础代谢消耗会因个体间身高、体重、年龄、性别的差异而有所不同。食物中的卡路里含量是该食品产生多少潜在能量的量度标准。食物一般由碳水化合物、蛋白质、脂肪这三种物质组成（1克碳水化合物含4卡路里，1克蛋白质含4卡路里，1克脂肪含9卡路里）。人类机体通过代谢作用“燃烧”食物中的卡路里，代谢作用通过酶将碳水化合物分解为葡萄糖和其他糖类，将脂肪分解为甘油和脂肪酸，将蛋白质分解为氨基酸。然后，这些分子通过血液流动被转运到细胞中，它们在这里可被立即吸收利用，也可进入最终代谢阶段，与氧进行反应，释放其存储的能量。

从生理和营养的角度来看，不同食物在身体里转化成热量的速度也各不相同。例如，人体从碳水化合物中摄取热量，会比从脂肪中来得快；而摄取的快慢，会影响身体的机能反应。热量摄取的快，会干扰血液中葡萄糖并提高胰岛素水平，刺激脂肪生产的可能性就越高，体重就越容易增加。有一种“最危险的卡路里”，这就是糖和糖的代用品，如红糖（黄砂糖）、葡萄糖、果糖、玉米糖浆、高果糖糖浆、蜂蜜和所有精制的碳水化合物。这些食物的升糖指数最高，进入血液循环最快，会让胰岛素水平提升，制造多余的脂肪。

（二）脂肪与胆固醇

胆固醇是一种存在于动物组织内细胞膜中的固醇及脂类，借由血浆传递。

在植物细胞膜中也可发现少量胆固醇。1784 年，它首次在胆石症中被发现，因而得名。适量的胆固醇对于人体健康是至关重要的，它是细胞膜的组成部分，是人身内转化为各种激素的一种物质。胆固醇的产生来自两个方面：一是由人体组织产生，主要是在肝脏里进行的；二是从食品中吸取，尤其是动物产品如肉类、家禽、海鲜、乳制品和鸡蛋等。

胆固醇的工作机理：胆固醇要通过血液传输到人体的各个细胞组织。由于它不溶于水，因此必须通过一种叫做脂蛋白的特殊运输工具运送到各个器官。身体里有多种脂蛋白，运输胆固醇，只有低密度脂蛋白（LDL）和高密度脂蛋白（HDL）起作用。

低密度脂蛋白（LDL）是血液中最主要的胆固醇载体。它可能会停留在血液中，积存在动脉壁，可形成又厚又硬的斑块，因此阻塞了血液在动脉里的流动并因此导致心脏病发作或中风。高密度脂蛋白（HDL）大约携带有三分之一到四分之一的血胆固醇。它不仅可以把胆固醇带离动脉血管，最终进入肝脏，然后被分解并清除体内，而且它可以清除低密度脂蛋白遗留下来的胆固醇。

人体内胆固醇的含量与脂肪息息相关。脂肪包括三类：饱和脂肪、多不饱和脂肪、单不饱和脂肪。单不饱和脂肪（monounsaturated）和多不饱和脂肪（polyunsaturated ）能够降低胆固醇水平。饱和脂肪（saturated）主要来源于动物食品，如肉类、家禽、全牛奶乳制品像牛奶、冰淇淋、奶酪等。毋庸置疑，饱和脂肪是提高胆固醇水平的最大元凶。通过饮食来降低血胆固醇水平必须注意摄入脂肪的总量，尤其是饱和脂肪。研究表明，高胆固醇成年人，每降低一个百分点的总胆固醇水平，就会降低两个百分点的心脏病发作数。

反式脂肪是食品工业使用植物脂肪经过部分氢化作用加工出来的。研究发现，反式脂肪（Trans-fat）的摄入不仅仅使血液中坏的胆固醇水平升高，而且与癌症、关节炎、心血管病等多种现代社会多发疾病有关联。反式脂肪被广泛应用在饼干、某些品牌的巧克力、各式西点、花色面包、多纳圈、薯片、薯条、沙拉酱等加工食品中，在美国许多州包括纽约州，这种反式脂肪已经被禁止在食品中使用。

（三）钠

钠是第 11 号元素，原子量为 22.99。正常成人体内钠的总量一般认为每千克体重含 1 克左右，其中 44% 在细胞外液，9% 在细胞内液，47% 存在于骨骼之中。总体钠中可交换钠约占75%。钠是细胞外液中主要阳离子，占90%以上。正常成人每日摄入的钠全部经胃肠道吸收。机体对钠的保留机制比较完整，特别体现在肾脏的保钠机制。钠由尿排出约占90%，其余经粪便和汗液排出。从细胞分裂开始，钠就参与细胞的生理过程。氯化钠是人体最基本的电解质。对肾脏功能有影响，缺乏或过多则引起许多疾病。

食盐的主要作用是钠离子的作用。正常人的血液有一个比较恒定的酸碱度，适合于细胞的新陈代谢，这种恒定的酸碱度主要靠血液的缓冲系统、呼吸调节和肾脏调节三个方面来维持，血液中主要的缓冲剂是碳酸氢钠和碳酸这一对缓冲剂。其中钠离子是重要组分。正常人钠离子的最小需要量每人每日为0.5克，相当于食盐2 ~ 3克，但这样的低盐饮食我们不能长期耐受，所以正常人一般每日食用5 ~ 6克食盐。

钠有维持血压的功能。钠调节细胞外液容量，构成细胞外液渗透压，细胞外液钠浓度的持续变化对血压有很大影响，如果膳食中钠过多，钾过少，钠钾比值偏高，血压就会升高，出现血压升高的年龄愈小，寿命愈短。体内水量的恒定主要靠钠的调节，钠多则水量增加，钠少则水量减少，所以摄入过多的食盐，易发生水肿；过少则易引起脱水。钠对肌肉运动、心血管功能及能量代谢都有影响。钠不足时，能量的生成和利用较差，以至于神经肌肉传导迟钝。表现为肌无力、神志模糊甚至昏迷，出现心血管功能受抑制的症状。糖的利用和氧的利用必需有钠的参加。钠在肾脏被重吸收后，与氢离子交换，清除体内的二氧化碳，保持体液的酸碱度恒定。肾对钠的主动重吸收，引起氯的被动重吸收，有利于胃酸的形成，帮助消化。如果缺钠，引发低钠血症，患者倦怠、淡漠、无神、起立时易昏倒，严重时恶心、呕吐、血压急剧下降。

（四）食物过敏

食物可给人类提供能量和各种营养要素，是人类赖以生存的物质之一，但对于过敏者来说，当食入某些食物后会引起强烈反应，甚至有时会导致休克或死亡，这就是食物过敏疾病。

食物过敏是指部分人群由食物或食品添加剂引起的免疫反应。进食少量有关食物即可诱发，与食物和（或）食品添加剂的生理作用无关，涉及免疫机制引起的化学介质的释放。

食物的种类多种多样，其中只有一部分容易引起过敏。同族的食物常具有类似的致敏性，尤以植物性食品更为明显，如对花生过敏的患者对其他豆科类植物也会有不同程度的过敏。各国家、各地区的饮食习惯不同，机体对食物的适应性也就有相应的差异，因而致敏的食物也不同，比如西方人认为羊肉极少引起过敏，但在中国羊肉比猪肉的致敏性低；西方人对巧克力、草莓、无花果等过敏较多，在中国则极少见到。根据西方的资料，易引起过敏的食物为牛奶、鸡蛋、巧克力、小麦、玉米、坚果类、花生、橘子、柠檬、草莓、洋葱、猪肉，某些海产及鱼类，蛤蚌、火鸡及鸡等。在中国容易引起过敏的食物有以下几类。

（1）富含蛋白质的食物，如牛奶、鸡蛋。

（2）海产类，如鱼、虾、蟹、海贝、海带。

（3）有特殊气味的食物，如洋葱、蒜、葱、韭菜、香菜、羊肉。

（4）有刺激性的食物，如辣椒、胡椒、酒、芥末、姜。

（5）某些生食的食物，如生番茄、生花生、生栗子、生核桃、桃、葡萄、柿子等。

（6）某些富含细菌的食物，如死的鱼、虾、蟹，不新鲜的肉类。

（7）某些含有真菌的食物，如蘑菇、酒糟、米醋。

（8）富含蛋白质而不易消化的食物，如蛤蚌类、鱿鱼、乌贼。

（9）种子类食物，如各种豆类、花生、芝麻。

（10）一些外来而不常吃的食物。

（五）有机食品

有机食品是指生产和加工不使用化学农药、化肥、化学防腐剂等合成物质，也不用基因工程生物及其产物，产品符合国际或国家有机食品要求和标准，并通过国家有机食品认证机构认证的一切农副产品及其加工品，包括粮食、食用油、菌类、蔬菜、水果、瓜果，干果，奶制品、禽畜产品、蜂蜜、水产品、调料等。

有机食品在不同的语言中有不同的名称，国外最普遍的叫法是ORGANIC FOOD，在其他语种中也有称生态食品、自然食品等。联合国粮农组织和世界卫生组织（FAO/WHO）的食品法典委员会（CODEX）将这类称谓各异但内涵实质基本相同的食品统称为有机食品。

有机食品的主要特点来自于生态良好的有机农业生产体系，绿色食品是我国农业部门在20世纪90年代初发展的一种食品，分为A级绿色食品和AA级绿色食品。其中，A级绿色食品生产中允许限量使用化学合成生产资料，AA级绿色食品则较为严格地要求在生产过程中不使用化学合成的肥料、农药、饲料添加剂、食品添加剂和其他有害于环境和健康的物质。从本质上来讲，绿色食品是从普通食品向有机食品发展的一种过渡产品。有机食品与其他食品的区别体现在如下几方面。

（1）有机食品在其生产加工过程中绝对禁止使用农药、化肥、激素等人工合成物质，并且不允许使用基因工程技术；而其他食品则允许有限使用这些技术，且不禁止基因工程技术的使用。如绿色食品对基因工程和辐射技术的使用就未做规定。

（2）生产转型方面，从生产其他食品到有机食品需要2～3年的转换期，而生产其他食品（包括绿色食品和无公害食品）没有转换期的要求。

（3）数量控制方面，有机食品的认证要求定地块、定产量，而其他食品没有如此严格的要求。

三、运营过程中关注的营养问题

（一）菜单策划环节

在餐厅菜单设计阶段应当关注营养问题，餐厅经营管理决策者确定饮料、食品、菜肴等餐厅产品时，每个产品的营养元素、热量、胆固醇与脂肪、钠等含量，及人均可能消费食物量等方面应当加以关注。美食与营养是餐饮出品的基本要求。

有机食品等加工与销售已经成为了部分餐厅出品的特色，并创造了良好的经营效益，其根本原因就是满足了消费者追求健康饮食的需求。在餐饮经营市场中，“养生”概念菜品的推出也成为越来越多的餐厅与消费者聚焦菜单产品介绍的重要内容。

（二）选购存储环节

生产制作营养健康饮食产品，选料与存储过程是重要阶段，采购人员要掌握相关食品原料的质量情况，对于高脂肪（特别是反式脂肪含量）、高盐量原料选购应当加以关注和控制，对食品原材料的生产方式要加以甄别，明确掌握无公害食品、绿色食品、有机食品的辨识方法与标准，确保购入食材的健康安全。

存储过程中要关注食材维生素等的流失与配合问题，新鲜的农产品由于存放时间过长，营养素流失严重。存放空间的温度、湿度及密封问题，同样直接影响着食材原料的营养素状况。因此，餐饮经营管理制度在原料选购与存储方面，要有严格的规范要求，并做好监督落实工作。

（三）生产制作环节

在厨房生产加工阶段，加工操作问题也会直接导致食材的营养素破坏与流失。因此，在厨房加工阶段，餐饮管理人员要严格把控员工操作过程并注意以下问题。

1. 洗涤

各种食品原料在烹调前都要洗涤，洗涤能减少原料表层微生物的数量，除去寄生虫卵和泥沙杂质，符合食品卫生要求。淘米次数不宜太多，不要用流水冲洗或热水淘洗，更不可用力搓洗或将米浸泡后再洗。否则，在淘米过程中即可发生营养素的损失，尤其是 B 族维生素和无机盐最易受到影响。各种副食原料，特别是蔬菜应在切前清洗，不要在水中浸泡，洗涤次数也不宜过多，洗去泥沙即可，这样做可以减少无机盐和维生素的流失。

2. 切配

各种副食原料应清洗后再切配，以减少水溶性营养素的流失。清洗与切割时，对可食用菜果表皮的切削不能过量；原料切块要大，如果切得太碎，则原料中易氧化的营养素与空气的接触机会增多，其氧化破坏也增加。原料应尽量做到现切、现烹、现做、现吃，以保护营养素少氧化的损失。对烹饪原料切配数量应估计准确，如果切配过多，则会增加营养素的氧化损失。例如：黄瓜切成片后，放置 1 小时，维生素 C 可损失 33% ～ 35%。

3. 沸水烫料

为了除去原料异味，改善色、香、味或调整原料的烹调成熟时间，许多原料要水烫处理。做水烫处理时，要火旺、水沸，加热时间宜短，操作应快，这样能减少维生素的损失。原料出水后，不要挤去汁水，否则会使大量水溶性营养素流失。例如，白菜切后煮 2 分钟捞出，挤去汁水，可使水溶性维生素损失 77%。在菜肴烹制时，加热时间过长，会破坏维生素、蛋白质等营养素成分。同时，注意食材在水中浸煮的时间不要过长，否则也会造成营养素流失。

4. 上浆挂糊

食品原料上浆挂糊可在烹调时使食物表面形成一层保护外壳，这样首先可阻止原料中的水分和其他营养素大量溢出，其次是保护了营养素不被更多氧化，另外受到保护层的保护，间接加热不会因直接的高温使蛋白质变性过多，也可使维生素少受高温分解破坏。

5. 添加品使用

注意碱的使用，在食品制作过程中滥用碱会导致食物中维生素的破坏。食品在生产过程中，由于不同的原料具有不同的营养特点，加上各种营养素又具有不同的理化性质，在原料的洗涤、切配、加工和烹调过程，往往会造成某些营养素的破坏和流失。

任务训练作业

一、任务训练

利用网络搜寻卡路里与食物对照表，计算自己一天内饮食的卡路里摄入量，按照所学内容，开出一份自己的健康标准食物菜单。

二、要求组成学习小组，完成课堂讨论

1．学习小组讨论的规则

在独立思考后，仍有疑惑需要解决，先是一帮一，两个间的讨论，如还有困难，再扩展为4人或5人间的讨论。如遇到较难的问题记录下来，班级讨论。

2．学习小组讨论的形式

（1）自由发言式　学生可以在小组中自由发言，同学们各抒己见。

（2）轮流发言式　小组成员围绕一个中心问题挨个发言，一人不漏。

（3）一帮一讨论式　当部分学生在难题面前尽最大努力也不能解决，而教师又无法加以个别指导的时候就可以采用这种讨论方式。

学习单元二

餐饮市场营销

餐饮项目选址

项目 1

学习目标

- 能够准确描述商业区与商圈概况；
- 能够准确叙述餐饮项目选址要求内容；
- 能够叙述选址不适宜原因；
- 能够概括说明餐饮开店选址三种模型要点。

课程内容

一、餐饮市场区域特征识别

（一）城市类型

国务院关于城市规模划分标准（2014 年）为：以城区常住人口为统计口径，将城市划分为五类七档。城区常住人口 50 万以下的城市为小城市，其中 20 万以上 50 万以下的城市为Ⅰ型小城市，20 万以下的城市为Ⅱ型小城市；城区常住人口 50 万以上 100 万以下的城市为中等城市；城区常住人口 100 万以上 500 万以下的城市为大城市，其中 300 万以上 500 万以下的城市为Ⅰ型大城市，100 万以上 300 万以下的城市为Ⅱ型大城市；城区常住人口 500 万以上 1000 万以下的城市为特大城市；城区常住人口 1000 万以上的城市为超大城市。（以上包括本数，以下不包括本数）

城区是指在市辖区和不设区的市，区、市政府驻地的实际建设连接到的居民委员会所辖区域和其他区域。常住人口包括：居住在本乡镇街道，且户口在本乡镇街道或户口待定的人；居住在本乡镇街道，且离开户口登记地所在的乡镇街道半年以上的人；户口在本乡镇街道，且外出不满半年或在境外工作学习的人。

（二）商业区

商业区是指城市内部全市性或区级商业网点集中的地区。一般是在大城市中心、交通路口、繁华街道两侧、大型公共设施周围的零售商业聚集、交易频繁的地区、办公区。位于城市中心或交通方便、人口众多，由几十家甚至上百家专业性或综合性商业酒店组成，规模大，商品种类齐全，特别是中档商品和名优特种商品的品种多，可以满足消费者多方面的需要，向消费者提供最充分的商品选择余地。大、中城市一般有一两个中心商业区和若干个区级商业区，小城镇的商业区则往往由一两条商业街组成。商业区的布局形式主要是沿街呈线状布置、在独立地段成片集中布置、沿街和成片集中相结合布置等形式。

1. 核心商业区

核心商业区是城市的重要组成部分，是一个地区最有零售吸引力的区位。区域内店铺数量多、类型即零售业态丰富，顾客购物可以有更多的选择机会，得到多样化的服务。但是，中心商业区停车地紧张、人群拥挤、货物运输不便、地价昂贵。

2. 副商业区或辅助商业区

一个城市一般有几个副中心商业区，其规模要小于中心商业区。区内至少有一家规模较大的百货店和数量较多的专业店，商品服务以综合型为主，但也有商品大体相同的专业型。与中心商业区相比，副中心商业区的店铺数量较少，经营商品的种类也较少，客流相对较少，地价不高。

3. 商业小区

商业小区是指集客地周边或是居民区附近，以经营与集客地相关联的商品或居民日常生活需要的便利品为主要商品内容的小型区域。店铺类型则主要以小型专业店、中小型超市及便利店为主。一般商业小区的店铺数量不多，店铺的规模也不大，但这些商业小区的环境比较安静，停车方便，地价也不高。

4. 购物中心

购物中心是指城市各类商店的平衡配置的大型商业综合服务建筑体，其店铺类型或业态形式主要包括百货店、专业店和超级市场，商品服务项目配套齐全，客流集中，通常是一个商业区的核心商业体。

（三）商圈

商圈的划分及类型如表 2–1 所示。

表 2-1 商圈的划分及类型

商圈划分依据	商圈类型
按酒店对消费者吸引力的空间层次	核心商圈，次级商圈，边缘商圈
按消费人口的居住稳定性或流动性	常住人口商圈，工作人口商圈，学生商圈，流动者商圈
按消费者群体使用的购物交通工具	步行者商圈，非机动车商圈，机动车商圈
按酒店经营方式和商品类别	零售商圈，批发商圈，快速消费品商圈，专项采购商圈

二、餐饮酒店选址评估

（一）餐饮酒店选址要求

1. 商圈选择

商务型的普通餐厅以商务酬宾为销售对象，一般选址在商务区域或繁华街市附近，或其他有知名度的街市；大众餐厅以家庭、个人消费为主，一般选址在社区型或便利型商业街市。而快餐连锁餐厅一般选址在客流繁忙之处，如繁华商业街市、车站、空港码头，以及消费水平中等以上的区域型商业街市或特别繁华的社区型街市。

2. 建筑要求

一般连锁餐饮要求框架结构，层高不低于 4.5 米。配套设施：电力不少于 20 千瓦 /100 平方米，有充足的自来水供应，有油烟气排放通道，有污水排放、生化处理装置，位置在地下室或一、二、三楼均可，但忌分布数个楼面。而普通餐厅因餐厅为个性化装饰、布置，各种建筑结构形式均适合开设餐厅，但剪力墙或承重墙挡门、挡窗除外，餐厅门前须有相应的停车场。

3. 面积和租期

餐饮项目根据不同经营业务，对地理位置、面积及建筑要求等有着不同的选择。餐饮业态物业选址要求如表 2-2 所示。

表 2-2　不同餐饮类型的选址要求

餐饮分类		连锁快餐店	普通餐饮店	火锅店	茶坊、酒吧、咖啡馆	面馆	面包房、面点房
商圈选择		繁华商业街市、车站、空港码头及消费水平中等以上的区域型商业街市或特别繁华的社区型街市	商务型餐厅：以商务酬宾为销售对象，选址于商务区域或繁华街市附近，或其他有知名度的街市	以大众消费为主，选址于人口不少于5万人的居住区域或社区型、区域型、都市型商圈等	选址多高雅路段，具有清净、幽雅的环境	满足人们速食的要求	各种商圈均可开设
			大众餐厅：以家庭或个人消费为主位于社区型或便利型商业街市		以文化、情调、特色以及舒适和愉悦来吸引消费者；消费对象具有一定的消费能力和文化修养	宜选择交通支道、行人不少于每分钟通过10人次的区域	品牌酒店多开设在繁华的区域型、社区型的商业街市上
立店障碍		经消防、环保、食品卫生治安等行政管理部门会审；污染源10米外；周边无异议	同连锁快餐；大餐厅，设置疏散通道	同普通餐饮	须经消防、治安、食品卫生等行政管理部门会审同意	与普通餐厅相同	立店须经食品卫生监督部门会审核准，方可经营
			门前禁止有封闭交通隔离栏				离污染源10米以上
			高于1.8米的绿化及电线杆				
物业要求	建筑要求	200～500平方米	商务型150～1000平方米、大众型80～200平方米	120～500平方米、厨房可小于营业面积的三分之一	50～400平方米	80～200平方米	60～120平方米
		框架结构	除剪力墙或承重墙挡门、挡窗外，各建筑结构形式均适合	框架式建筑	对建筑结构形式无特殊要求，视投资者创意、设想而异	其余与普通餐厅相同	框架式结构

续表

餐饮分类		连锁快餐店	普通餐饮店	火锅店	茶坊、酒吧、咖啡馆	面馆	面包房、面点房
物业要求	建筑要求	层高不低于4.5米	餐厅门前须有相应的停车场	楼上商铺亦可	层高不低于2.8米	与普通餐厅相同	层高不低于2.8米
		位置在地下室或一、二、三楼均可，但忌分布数个楼面		其余同餐厅	如与居民相邻，设置隔音层		门面宽度6米以上，橱窗开阔
	配套设施	电力不少于20千瓦/100平方米；有充足的自来水供应	厨房污水排放的生化处理装置	同普通餐饮	电力按每100平方米10千瓦配置		与普通餐厅相同
		有油烟气排放通道，污水排放、生化处理装置	油、烟、气排放的通道	隔油池	自来水供应		
合作方式		租期5年以上	租期3年以上	租期3年以上	租期3年以上	租期3年以上	租期2年以上
代表品牌		麦当劳、肯德基、必胜客		小肥羊、谭鱼头	星巴克	马兰拉面、面点王	金蝶轩、可颂坊

（二）餐饮选址评估因素

1. 经济区位

餐厅周边环境的特性直接影响餐厅的经营，必须根据其特性做出相应的对策。比如对商业区、商务区、工业区、大学区、娱乐区或住宅区等不同特性的区域，餐厅要采用不同的营销策略。

餐厅的周边环境如果整洁、幽雅，再加上营造较好的内部环境，如幽静的休息室、清洁的洗手间等，就能吸引更多的顾客。美国一家调查公司曾对餐厅中顾客的爱好做了一个调查，发现餐厅休息室以及餐厅周边环境整洁，竟是大多数顾客光顾的最大理由。可见，创造整洁、幽雅的环境显得多么重要。

2. 交通区位

交通状况是指车辆的通行状况和行人的多少，它意味着潜在的客源。但必须清楚客源绝不等同于交通的频繁程度，如在交通要道，尽管交通极为频繁，但过往的旅客根本没有就餐的机会，也产生不了就餐的欲望；有就餐机会和欲望的过路人才会成为客源。开餐厅的地点必须交通便利，进车停车方便安全。选址即便远些，只要交通便利，也会顾客盈门的。

3. 社区规划要求

区域规划往往涉及建筑的拆迁和重建。如果未做分析，餐厅就盲目建设，在成本收回之前就要拆迁，无疑会使餐厅经营者蒙受损失或者失去原有的地理优势。所以在确定餐厅位置之前，一定要向有关部门进行咨询。

市政设施包括经营所必须具备的能源供应，如水、电、燃气（天然气、煤气等），下水设施，周边道路和建筑的建设与绿化，垃圾处理设施，通讯设施，消防设施等。市政服务包括与上述设施有关的服务和环卫、环保、治安等情况。这些将决定餐厅周围是否具有良好的社区环境。

4. 竞争程度

对于竞争的评估可以分为两个不同的部分来考虑。提供同种类型食品服务的餐厅可能会导致直接的竞争，这会被认为是消极的因素。间接的竞争包括提供不同菜品和不同服务的餐厅。在所选地点，任何一种形式的竞争都是值得考虑的，这可能意味着一个潜在的绝好地点，同样也可能会是一个很糟糕的地点。直接竞争未必会导致两败俱伤，相反还可能促进双方共同繁荣。

竞争密度是指同行业和相关行业营业点的个数以及本区域内餐厅的总座位数，即生意是否过密。这体现了本区域内餐饮业的供求关系，是对竞争激烈程度的一种直接反映。通常是竞争越激烈利润越低，但这些分析在某种情况下也不是绝对的。在行业密集的地方，往往会出现商家吸引商家，人流吸引人流，形成一方繁荣的局面。但在这类地方办餐厅，各餐饮酒店一定要有自己的风味特色，餐厅之间既要有竞争又要能互补，只有这样才能取得成功。

（三）餐饮店不宜选址情况

餐饮店不宜选址的具体原因如表 2–3 所示。

表 2-3　餐饮店不宜选址的原因

不适宜选址	原因说明
居民人口稀少的地区	常住人口、流动人口少，缺乏人气，很难形成相对稳定的消费群
高速车道旁边	高速公路中间一般设有隔离设施，两边无法穿越，公路旁边也较少有商业网点和停车设施

续表

不适宜选址	原因说明
楼房高层	广告效果较差，也不方便顾客。只适宜知名度很高的餐馆
斜坡路段	斜坡影响进餐顾客停放车辆
门前有障碍物	被建筑物挡住店面，影响餐馆的能见度，如有大树等，遇雷雨天还有使人触电的危险

三、餐厅选址模型

（一）商业区选址开店

餐厅选址在城市商业中心、副中心或主要商圈是常见情况。商业区购物人群广泛，虽然这些人群是以购物为主，但都有休闲和就餐需要，为餐厅带来丰富客源。

鉴于购物消费顾客时间紧迫，在就餐过程中多数菜品基本都能接受，不太注意菜品的烹饪水平，但对就餐环境卫生、洁净、舒适要求较高，喜欢新、奇、特的创新菜品，并且有可选性。在用餐方法上要求简单，时间上求一个“快”字。

此类地区餐厅经营内容通常以中、西简餐和快餐形式为主，以中西式快餐或大排档为普遍形式。

（二）办公区选址开店

办公区是指公司办公楼、写字楼及商务总部 CBD 区域，这些区域工作单位与人员密集，主要是白领阶层，很少备有食堂。

在这种地区选址开餐馆，面向经济实力丰厚的公司老总或高级职员，他们一般关注饭菜的质量超过对用餐消费价格的注意。经营应以中、高档为主，要求菜品质量及技术含量高，就餐环境干净、整洁，装修的高雅有特色。以满足商务会谈、请客、谈判的需求。

同时，为满足一般职员和员工的工作餐需求，在中高档菜肴的基础上，也要相应地供应一些中低档的品种。

（三）居民区选址开店

在居民小区选址开餐馆，应当以满足居民区就餐对象的需求，要求质高价低，菜量十足，经济实惠并有新意，适合工薪阶层的需求。经营品种应多样化，以家常菜、烤鸭、饺子、小吃等百姓喜欢的菜品为主。环境要朴实无华、干净明快，处理好厨房的排烟以及噪声等给居民带来的生活环境问题，符合卫生、城管等部门的开办规定要求。

（四）校园区选址开店

院校内部或周边地区选址开餐馆，主要面向教职工和学生消费，以接待聚会、生日、社团活动等为主。除了学生寒暑假期以外，经营没有旺季和淡季，较为平稳。开办距离不要远离校园，营业面积应宽敞而明亮，装修规范得体；经营品种广泛多样，适应大多数师生的口味和生活习惯；营业时间应适当延长，不受用餐时间的限制。

校内餐馆则应考虑到学生的经济条件和用餐特点，主要安排一些经济实惠的营养型配餐，做到荤素搭配，价格便宜，份额十足。

任务训练作业

一、案例分析

完成餐厅开店条件调研表，就是否符合开店条件组织讨论

餐厅开店条件调研表

事项	条件情况	是否满足要求
外立面雨篷设置		
面积、位置		
合同年限		
租金条款		
冷热上水、下水		
独立进出通道		
进出货通道		
垃圾、泔水		
物业费		
空调、供暖费		

续表

事项	条件情况	是否满足要求
冷、热水费		
排污费		
电、气费		
输变电设施		
排烟通道设施		
停车场		
客用卫生间		
仓库、员工间		
店标安放		
电视信号		

二、要求组成学习小组，完成课堂讨论

1．学习小组讨论的规则

在独立思考后，仍有疑惑需要解决，先是一帮一，两人间的讨论，如还有困难，再扩展为 4 人或 5 人间的讨论。如遇到较难的问题记录下来，班级讨论。

2．学习小组讨论的形式

（1）自由发言式　学生可以在小组中自由发言，同学们各抒己见。

（2）轮流发言式　小组成员围绕一个中心问题挨个发言，一人不漏。

（3）一帮一讨论式　当部分学生在难题面前尽最大努力也不能解决，而教师又无法加以个别指导的时候就可以采用这种讨论方式。

项目 2 餐饮市场调研与分析

学习目标

- 能够叙述区域人口基本特征与调研方法；
- 能够说明餐饮消费市场特征情况；
- 能够进行餐饮项目开业成本与预计收入估算分析；
- 能够概括说明餐饮同业竞争调研分析内容。

课程内容

一、市场背景调研分析

（一）区域人口的基本特征

人口统计是适应社会发展和国家管理的需要而产生和发展起来的。除了有人口数、性别、年龄、民族的统计外，还有就业和失业、行业和职业、文化程度、宗教信仰、婚姻状况、生育情况以及其他统计，统计内容日益丰富，人口统计制度更趋健全，并逐步建立和发展了现代人口普查制度，人口统计资料愈来愈系统完整。

1. 区域内居民的人文特征

经营餐饮项目应当首先需要了解经营区域内人口数量，这是目标客户的基本来源。区域居民的人文特征主要包括年龄构成、家庭规模和婚姻状况、职业分布、餐饮消费价值观念以及宗教信仰（表 2–4）。

表 2-4 区域居民的人文特征

人文特征	关注状况说明
年龄结构	主要是指 18 ~ 50 岁的人群占比情况，即青年和中年人群比例。这是餐饮消费的主要群体

续表

人文特征	关注状况说明
家庭规模和婚姻状况	单身学生或工作者群体； 已婚家庭 3 ~ 4 人成员的群体； 一个家庭的外出就餐者的决策人
职业分布	学生或教育工作者； 工业区酒店职工； 普通住宅区
人们对餐饮消费的价值观	填饱肚子； 补充营养； 体现个人身份
宗教信仰	无信仰的； 佛教； 伊斯兰教

2. 调查了解的方法

最简单的方式是同业暗访，即以消费者身份直接向类似的餐饮店主询问顾客结构及其购物习惯。同时参观一下他们的营业场所，观察其设备是否陈旧，是否需要维修或升级。如果发现确实条件较差，可以判断此地的营业前景不够乐观。

当然，通过对拟选择地段用餐时段客流观察统计也是常用的方法。此外，购买当地统计部门的年鉴及资料，也可以获得有效信息。

（二）区域购买力

区域人口购买力和消费能力特征，是直接关系到开店成功与否的重要调研指标。任何一家餐厅都需要有消费者足够的购买力来维持经营，应当关注以下情况。

（1）区内中等以上收入家庭数量及其投资形式。投资形式是否以储蓄为主。

（2）居民可支配资金数额。

（3）通过查看周围楼房的档次，观察居民日常户外活动方式等，可以了解本地人群的生活质量情况及新的住宅区或其他产业项目落地。

（三）区域文化背景要素

通过收集区域地方年鉴、国民经济发展报告等地方政府统计部门的公开资料、网站等可以获得以下内容。

（1）区域陆地面积　以平方公里为单位数量，地貌情况、地带形状等。

（2）区域下辖社区情况　包括数量、社区国民经济统计指标等。

（3）总人口　区域内人口数量，其中本地户籍人口、外来务工人口数量分别统计。

（4）地方荣誉称号　区域性荣誉称号。如“国家卫生城市”“文明县区”“社会综合治理优秀社区”等，这些称号标志着区域总体社会环境特点，反映着社会风尚及社会稳定。

（5）区域经济发展定位　按照酒店国民经济发展定位，通常被确定为工业区、住宅区、文化教育区、商业金融区等。

（四）餐饮市场消费特征

通过政府统计部门调查数据、区域典型走访调查等，可以获得以下信息。

（1）消费者节假日外出吃饭比率　包括一周外出吃饭次数，选择周末或随时选择等比率。

（2）消费者外出吃饭的原因　亲朋好友到访、子女外出工作归来、学校放假回家、生日寿诞聚会、婚庆喜宴、工作应酬需要等。主要是图方便，省时省力或餐馆的菜肴不错，自己在家做不出较好味道。

（3）消费者选择在晚上外出就餐比率　晚上的空闲时间较多，既能休闲放松又可以增进彼此之间的沟通。

（4）消费者选择经常去的餐馆类型　大排档等快餐厅类型的餐馆、洋快餐厅、中高档的中餐馆。

（五）消费时尚和趋势

消费时尚与趋势主要是指人们就餐形式及表现特点，主要是以餐饮消费目标动机为导向，即为什么去餐厅消费，主要有以下3种类型（表2-5）。

表 2-5 餐饮消费的动机

消费动机	选择餐饮酒店类型	餐饮特点
填饱肚子	中菜的大排档、快餐厅	菜式的分量和价格
注重营养	特色餐馆	一定要让客人知道其价值的所在
家庭聚会 朋友聚会 工作应酬	中高档餐馆	点菜服务。以聚为主以吃为辅，用餐 1 ~ 2 小时，色彩装饰、服务质量、食品卫生安全都决定消费者是否重复消费就餐

二、营业条件和成本费用调查

（一）社会治安状况

良好的社会治安是餐馆健康稳定发展的基本环境，确认社会环境安全对于小型餐馆影响非常重要。

（二）土地和建筑物费用

不同物业状况的场地支付费用有着很大差异，对于不同餐饮类型酒店要根据经营品种慎重选择。沿街商铺、商场内招租店铺等，从地段和租金来说，各自的特点优势。

（三）餐厅所需的原材料以及设备供应情况

餐厅所需的原材料以及设备供应情况是开店关注的重要信息，供应点交通便利、价格合理、供应充足、有较多选择、送货上门服务等，缩短物流时间，保证物品配送过程的顺畅。是餐饮酒店开店的重要考量要素。

（四）基础设施情况

餐厅开业基础条件要满足能源方面基本需求：店铺水电供应齐全，煤气输送或配送到店铺。

餐厅所在区域基础设施情况，也直接影响着经营状况。包括公路、铁路、机场、通讯等公共设施，教育、科技、医疗、体育、文化等社会性基础建设情况应当调查清楚。如经过的公交车数量；火车站、机场距离；邻近超市、商务酒店、文化中心、医院、在建设楼盘等。这些周边的基础设施建设给餐厅提供了营业环境，交通的便利、人流量的充足、出行方便和服务设施的完善无疑是餐厅选址的必要因素。

（五）劳动力供应状况及工资成本高低

大量外来务工人员可以为餐厅服务、生产提供充足的劳动力供应。区域附近高等院校在校学生也可以为餐厅提供人力资源，通常学生以实习或勤工俭学形式务工。

（六）前期成本分析

以百人餐位规模以下的小型餐馆为例，前期开办投入费用样例如表 2–6 所示。

表 2-6 小型餐馆前期投入成本分析

项目	内容	数量	金额 / 元
房租	房租及押金		
装修工程	结构及建造土木工程、水电工程、设备安装、灯具、霓虹灯招牌		
冰箱设备	厨房、吧台、餐厅		
厨房设备	炉头、工作台、水槽、烟道、风机等		
厨房吧台器皿	盘具、杯具、 铁板等器具		
餐厅桌椅	定制品		
首次物料	食品原材料库存		
员工制服	服务员制服和厨师制服		
音响系统	公共广播、音响公放或电脑		
执照申请	卫生、环保、税务、消防、工商		
收银系统	收银 POS 系统		
员工宿舍	宿舍租押金、基本配套设备设施		
装饰品	绿色植物		
培训期费用	培训期间员工伙食、住宿、薪水、交通		

续表

项目	内容	数量	金额 / 元
消防设备	烟感系统、喷淋、灭火器具		
空调	空调		
店内杂项	水过滤器、运费 、货架、喷香器、招工广告等		
合计			

（七）月度收入预估

以百人餐位规模以下（70 个座位）、人均消费 40 元以下的小型餐馆为例，月收入估算如表 2–7 所示。

表 2–7 小型餐馆月收入估算

营业时间	人流预估	人均消费 / 元	日收入预估 / 元	月收入预估 / 元
主营业时间 11:30 ~ 14:00	75 人次（按 70 个座位 1.1 的翻台率预估）	30	2250	67500
主营业时间 17:30 ~ 21:30	105 人次（按 70 个座位 1.5 的翻台率预估）	35	3675	110250
其他时间	35 人次（按 70 个座位 0.5 的翻台率预估）	20	700	21000
合计			6625	198750

（八）月度各项开支预估

以人员用工 20 人以下的小型餐馆为例，预估营业费用开支情况如表 2–8 所示。

表 2-8　小型餐馆营业费用情况

项目	支出 / 元
人工成本（服务人员及厨师的工资组成）	
煤气、水、电及各项杂费	
各种食品原材料成本	
店租	
员工宿舍房租	
合计	

三、投资成本、环境与竞争分析

（一）地价

一般地区工商业土地出让价格包括“六通一平”费用，即通路、通电、通水、通排污、通排水、通电讯以及平整土地费用。

（二）水电

（1）水电增容费。

（2）电费标准（元 / 度）。

（3）一般工业 / 商业服务业用水价格（元 / 立方米）。

（4）污水排放费（元 / 立方米）。

（三）税收与优惠政策

1. 工商注册登记涉及收费项目

（1）联合登记、组织机构代码（IC 卡）。

（2）刻制公章、财务章、报关章。

（3）国税登记、地税登记。

（4）统计登记。

（5）工商注册登记、注册开业公告费。

2. 税费项目

税费项目主要包括所得税、城建税、增值税、消费税、营业税、教育附加费、房产税、堤围防护 / 河道保护费等。

（四）政府投资服务

政府的服务能力是指政府职能转变后，服务投资，协调政府与酒店的各种关系，为酒店营造良好的投资环境，无偿为酒店提供专业、高效、周到的产前、产中、产后等各项专业服务，主要服务范围包括：提供有关投资政策、法律法规及最新的投资鼓励措施等方面的咨询。包括：土地出让政策、外汇政策、进出口政策、海关措施、税收政策、人口及雇工制度等。营造为酒店协调海关、工商、税务、劳动就业、社会保障、出入境检验检疫、边检等各方面关系的投资、经营环境。

（五）餐饮竞争分析

在同一区域内的同类型餐饮酒店，直接构成市场竞争关系，作为餐馆运营者在开店前及经营过程中，应当及时关注竞争者的情况。并在以下方面收集调研信息。

（1）地理位置　竞争店与本店位置距离，交通便利条件情况。

（2）餐厅类型 / 所属连锁品牌　竞争店是否独立经营或是连锁品牌店。

（3）服务类型　竞争店属于中餐、西餐、快餐、高档、中档等类型要明确。

（4）客源与接待量　竞争店主要客源情况、日营业接待数量的统计数据。

（5）菜单价格　竞争店菜单产品价格情况，与本店同类产品价格比较，人均消费情况。

（6）营业天数与营业时间　竞争店开业运营时间，每日营业时间表。

（7）餐台与餐位数　竞争店固定餐台及餐位数量。

（8）娱乐设施　竞争店娱乐活动配套设施情况。

（9）促销活动　竞争店实行的促销活动情况，促销政策与客户反映情况。

任务训练作业

一、示范案例：某社区人口情况调查分析

居民的收入水平情况分析

区域收入情况	集体经济收入	7 个村集体纯收入 3048 万元，比增 12.3%，其中：A 村 1033 万元，B 村 516 万元，C 村 520 万元，D 村 421 万元，E 社区 325 万元，F 社区 150 万元，G 社区 82 万元。全镇 38 个自然村集体年收入 100 万元以上的有 6 个，100 万元以下、50 万元以上的有 18 个。
	个人年收入情况	X 区 2013 年收入数据 2013 年度 X 区职工年人均工资为 19038 元 / 人 · 年 2013 年度 X 区农民人均纯收入为 6536 元 / 人 · 年，各镇农民人均纯收入分别如下： M 镇农民人均纯收入为 7245 元 / 人 · 年； N 镇农民人均纯收入为 6926 元 / 人 · 年； S 镇农民人均纯收入为 5781 元 / 人 · 年；
	结论	社区居民个人月收入集中在 1000~2000 的范围。

消费支出情况	城镇居民人均可支配收入 / 元	19370.95
	城镇居民人均消费支出 / 元	15227.2
	其中：食品	5287.54
	衣着	910.06
	居住	1603.69
	家庭设备用品及服务	1206.5
	医疗保健	855.31
	交通和通信	3142.07
	教育文化娱乐服务	1758.01
	其他商品和服务	464.02

分析结论	1. 从整体收入来看，居民收入是上升的，这意味着，人们的生活水平也会有所提高，那么饮食作为人们生活重要的一部分，也许，在餐饮方面的消费也会有所提高。因此，这也为餐饮业提供了一个较好的市场。 2. 从某区某年的居民收入统计数据能获知一些历史数据信息，有一定的参考价值。餐馆在选择消费市场时，要进入这个消费市场，以及也要根据消费群体的收入进行菜肴的定价。 3. 从居民的收入水平情况分析可得到一般居民的消费倾向。如虽然收入上升，消费随之上升，但是食品消费上升得很少，人们把钱都集中花在住、穿、保健上。可能在人们的心目中，吃的重要性要小于住、穿和保健。这为餐馆的菜肴定价和定位提供了重要的依据。要么价格不能太高，要么注重菜肴的营养成分。

二、调研问题

以本地为例，查找地方国民经济发展报告等资料，对本地区餐饮业情况进行分析，分析报告小组交流。

三、要求组成学习小组，完成课堂讨论

1. 学习小组讨论的规则

在独立思考后，仍有疑惑需要解决，先是一帮一，两人间的讨论，如还有困难，再扩展为4人或5人间的讨论。如遇到较难的问题记录下来，班级讨论。

2. 学习小组讨论的形式

（1）自由发言式　学生可以在小组中自由发言，同学们各抒己见。

（2）轮流发言式　小组成员围绕一个中心问题挨个发言，一人不漏。

（3）一帮一讨论式　当部分学生在难题面前尽最大努力也不能解决，而教师又无法加以个别指导的时候就可以采用这种讨论方式。

项目 3 餐饮业促销与广告

学习目标

- 能够叙述营造餐厅主题氛围的主要手段；
- 能够说明餐饮业人员推销的形式；
- 能够说明价格推销奇数定价法；
- 能够叙述餐厅知识性推销方法；
- 能够概括叙述特别促销形式；
- 能够说明电视与电台广告的优缺点；
- 能够叙述说明现代电子广告媒介特点。

课程内容

一、主题文化氛围营造

对整个饮食行业来说，室内装饰是一个有力的推销手段。情调和气氛这些看似难以捉摸的东西，却对餐馆的收入有直接的影响。

形成餐厅气氛的因素主要包括：音响、餐台摆设、民族风格装潢(灯光、色彩等)、座位布置和形式、餐桌椅数目、餐厅形状和面积，以及服务人员(年龄、性别、外表、服饰)状况、餐厅卫生和服务人员的个人卫生状况、餐厅常来顾客特点、室内温度、湿度、舒适程度，这些因素的协调性也是影响因素。

营造餐厅主题文化氛围，业内已经有了广泛的尝试，主要手段有以下几个方面。

(一) 餐饮形象营造

餐厅在菜单、节目单、广告和其他宣传品印刷制作时，要规定统一使用店徽、店标、商号等，突出自身的社会形象。

（二）异国情调营造

布置餐厅时，可以选用某一国的特色来设计，收集该国的民俗工艺品在店内展示装饰，用该国的国旗、国花和民歌渲染气氛，其家具、设备也有一定的异国特色，推销该国的菜肴或酒水，在办异国食品节时也可以这样操作。

（三）宠物餐厅氛围营造

以吸引儿童为主的餐厅，可以把餐厅布置成动物园氛围，如顾客一进餐厅就听到鸟、狗、青蛙等动物的叫声，或是用鹦鹉招呼客人“欢迎、请进”，或用英文招呼客人等。餐厅内张贴各种宠物的照片，如各类狗、猫、昆虫的图片等并附有简介。也可以发布宠物比赛活动新闻，来吸引客人。

（四）运动餐厅氛围营造

把运动项目元素引入餐厅，例如在餐厅一侧设小型室内高尔夫练习场，依照顾客打入洞次数，餐厅给予相应折扣。餐厅还可以备有握力计、背肌力测定器、飞标、扩胸器等来吸引爱好运动的顾客，并利用运动成绩与消费折扣挂钩，以增添餐饮服务趣味性。

（五）科幻主题餐厅氛围营造

有的餐厅在装饰装修中，采用新型太空材料装潢，让人有置身时光隧道般的感觉。将未来世界的知识性、超现代感作为吸引人的推销手段。

（六）明星餐厅氛围营造

明星主题餐厅是常见的特色营造形式，在餐厅内张贴各种明星们的照片（当红明星照片或以前著名的明星照片），陈列明星们用过的东西（服饰、拍片用的道具等）、放些资料片或歌曲，并附有简介，以吸引追星族的客人。

（七）一厅多样氛围营造

大餐厅可以分隔成多个不同的装饰风格的小间，体现出不同的主题。根据主题配菜单和改更场景装饰、人员服装等，整个餐厅视觉环境随之改变。这些做法已被证明是成功的。

二、人员推销

餐厅中的每一个人，包括餐厅经理、厨师、服务人员甚至顾客，都是潜在的推销员。有效地发挥这些潜在推销员的作用，可以给餐厅带来利润。人员推销的形式都应当明确到工作安排中，如规定管理人员餐厅营业时段接待、设计厨师餐间技艺展示、规范服务员点菜语言、和赢得每个顾客口碑的要求等。

（一）经理接待

饭店、餐厅经理不管在什么地方，包括社交场合，对遇见的每个人非常礼貌，面带微笑但不过分地一边向潜在顾客做自我介绍，一边递上名片，顾客能清楚地知道经理的名字和餐厅，客人会感到自己被重视、被尊重，可以增加顾客对饭店的好感，并有利于刺激消费。

传统饭店总裁比尔·伯恩斯说过："我们饭店的总经理、销售部经理和我，每天从 12 点到下午 1 点都站在饭店的大厅和餐厅的门口，问候每一位客人，同他们握手。当然我们希望以此赢得更多的生意。"

（二）厨师影响

"名厨主理"已经成为许多餐厅的宣传招牌，利用厨师的名气来进行宣传推销，会吸引来一批客人。特别是在餐饮行业美食大赛获奖或有菜品传承创新的厨师，对追求美食的顾客有着一定影响力。

在餐饮消费接待时段，安排厨师现场烹制、端送自己的特色菜肴，并对原料及烹制过程做简短介绍，已经成为许多餐厅的服务形式。

（三）服务人员推介

服务员除了提供优质服务外，还可以引导客人消费。服务人员对顾客的口头建议式推销是最有效的推销方法。推销语言对服务人员推销效果起着至关重要的作用，要培训所有服务人员（尤其点菜人员）掌握语言的技巧，用建议式的语言来推销自己的产品和服务。建议式推销的关注要点如下。

（1）尽量用选择问句，而不是简单地让客人用"要"和"不要"回答的一般疑问句。

（2）建议式推销要多用描述性的语言，以引起客人的兴趣和食欲。

（3）建议式推销要掌握好时机，根据客人的用餐顺序和习惯推销，才会收到更好的效果。

（四）顾客口碑

“顾客是餐厅的老板”，餐厅赢得顾客的口碑，在潜在顾客中的影响很大。在推销过程中，客人抱怨是不容忽视的。对抱怨客人应给予一个补救机会，即提供免费服务，或折扣优惠等方法，纠正顾客对本产品和服务的偏见，使他们再度光临，并乐于向别人推荐你的餐馆。

三、服务式推销

餐厅可以用各种附加服务形式来吸引客人，这也是常见的餐饮推销方法。

（一）知识性服务

在餐厅里备有报纸、杂志、书籍等以便客人阅读，或者播放外语新闻、英文会话等节目。或者将餐厅布置成有图书馆风格的餐厅。

（二）附加服务

如在午茶服务时，赠送一份蛋糕、女士送一束鲜花等。也可以在一些特别的节日和活动时间，甚至在日常经营中送一些小礼品给用餐的客人，常见的小礼品有：生肖卡、印有餐厅广告和菜单的折扇、小盒茶叶、卡通片、巧克力、鲜花、精制的筷子等，注意小礼品要和餐厅的形象、档次相统一，才能起到好的、积极的推销、宣传效果。

（三）表演服务

用乐队伴奏、钢琴演奏、歌手驻唱、现场电视、时装表演等形式。

（四）情调服务

充分利用场地的优势，白天是正统的餐厅，晚间则改为俱乐部、酒廊、卡拉OK厅等。

（五）内部宣传品

使用各种宣传品、印刷品和小礼品进行店内餐饮推销，是常用的餐饮推销方法。餐厅将各种餐饮活动、文娱活动信息设计印制成展板及传单，放在餐厅门口或电梯口、总台发送、传递。

四、价格推销

（一）奇数订价法

根据客人对菜品价格尾数奇数的反应心理进行产品的订价，引导、刺激顾客消费，这是餐厅最常用的订价法。餐厅菜肴价格的尾数是 9 或 5 常见，而 1、2、3、4、6、7 这几个数字极少出现。

（二）折扣优惠

餐厅为鼓励客人反复光顾和在营业的淡季时间里消费，通常给予折扣优惠。如在消费达到一定的数额或次数后，将给予一定的折扣优惠，或者在淡季和非营业高峰时间实行半价优惠及买一送一等推销方法。

对积压的产品，也可采用此法进行推销。但是，餐厅产品降价并不一定能带来更多的销售量，相反，有时甚至可能引起餐饮产品在市场中的地位或形象的降低。所以折扣考虑以下因素。

价格折扣能否促进销售数量和增加销售额。

是否处于经营的低谷时间。

是否非价格折扣不可，能否采取其他措施提高销售额。

价格折扣后能否保本，能否营利。

五、特别促销

（一）展示实例

餐厅利用橱窗、或摆设整齐餐桌，陈列菜肴的模型、图片、宴会现场照片，或设置海鲜池，来吸引顾客推销餐饮产品。

（二）试吃

餐厅采用让顾客试吃的方法来推销菜肴，可用车将菜肴推到客人的桌边，让客人先品尝一下，如喜欢就请现点、不合口味的再请点其他菜肴，这既是一种推销，也体现了良好的服务。

（三）名人效应

邀请知名人士或新闻人物来餐厅就餐。并抓住这一时机，向新闻机构大力宣传，并给名人们拍照，签名留念。然后把这些相片、签名挂在餐厅里，来增加餐厅知名度，树立餐厅形象。

（四）客人参与推销

让客人自己参与推销才能让客人留下较深的印象，起到好效果，如类似小测验、收集卡片、现场挂卡等。对顾客来说，一边用餐，一边参与游戏，提高很大的兴趣度。

（五）节日推销

各种节日是难得的推销时机（表 2–9），餐厅一般每年都要做节日推销计划，抓住各种机会甚至创造机会吸引客人购买，以增加销量，取得较好的推销效果。中国的传统节日很多，如清明节、中秋节、七夕——中国情人节、端午节、重阳节等，只要精心设计，认真加以挖掘，就能搞出有创意的推销活动。西方的节日，如复活节、感恩节、万圣节、啤酒节等，他们不但在外国客人中有市场，对国内客人同样也有一定的吸引力。

表 2–9　传统节日的推销策略

节日	推销策略
春节	利用这个节日可推销中国传统的饺子宴、汤圆宴，特别推广年糕、饺子等。同时举办守岁、喝春酒、谢神、戏曲表演等活动，丰富春节的活动，用生肖象征动物拜年来渲染气氛
元宵节	可在店内店外组织客人看花灯、猜灯谜、舞狮子、踩高跷、划旱船、扭秧歌等，参加民族传统庆祝活动，可特别推销各式元宵
圣诞节	在餐厅里，一般都布置圣诞树和小鹿，有圣诞老人赠送礼品。一般都以圣诞自助餐、套餐的形式招徕客人，组织各种庆祝活动，唱圣诞歌，举办化装舞会，抽奖活动等。还可用外卖的形式推销圣诞餐，扩大销量
情人节	餐厅可推出情人节套餐，增加卖花收入。举办情人节舞会或化装舞会，举行各种文艺活动，抒情音乐会及舞蹈如“梁山伯与祝英台”“罗密欧与朱丽叶”等

（六）组织俱乐部进行促销

酒店、餐厅是俱乐部活动的理想场所，可以吸引不同的俱乐部成员，餐饮部门可以自己组织一些俱乐部，如美食家俱乐部、常驻外商俱乐部等，让他们享有一些特别的优惠。也可以和当地的一些俱乐部、协会联系，提供场所，供这些协会活动。为他们提供会员服务、赊账优惠、优先接待等优惠。既可以吸引更多的客人，又可以扩大自己的影响，成为新闻中心，起到间接的推销作用。

（七）举办培训班

餐厅可以组织安排家人亲自操作的活动。例如举办烹调技术培训课程，聘请有一定知名度的厨师讲授烹制美味佳肴的技术，讲解食品制作过程，示范烹制美味佳肴的诀窍。

（八）针对儿童推销活动

儿童是许多家庭外出就餐的决策者，常去咖啡厅和快餐店，针对他们推销的方法有以下几个方面。

（1）提供儿童菜单和儿童份额的餐饮品，给予儿童一些特别关照。

（2）提供为儿童服务的设施、用具　例如儿童座椅、儿童餐具、围兜。

（3）赠送儿童小礼物，尤其选送他们喜欢的与餐厅宣传密切联系的礼品。

（4）娱乐活动　餐厅常在一角设有儿童游戏场，放置一些木马、积木、翘板之类的玩具，还有的专门为儿童开设专场木偶戏表演、魔术和小丑表演，或放映卡通片、讲故事等。

（5）儿童生日推销　餐厅可以记载小朋友的出生日期，在每个小朋友生日前几天，印制生日菜单，给予一定的优惠。餐厅还推销生日宴，如“宝宝满月”“周岁宴会”等。

（6）抽奖与赠品　常见的做法是发给每位儿童一张动物画，让儿童用蜡笔涂上颜色，进行比赛，给获奖者颁发奖品，增加了儿童的不少乐趣。

（7）赞助儿童事业，树立餐厅形象　餐厅可以给孤儿院等儿童慈善机构进行募捐，设立奖学金，赞助儿童体育比赛、绘画、音乐比赛等，可以吸引新闻焦点，树立酒店在公众中的形象。

六、餐饮广告媒介形式

（一）户外广告

户外广告主要指那些路边的广告牌，具体来说包括指示牌、屋顶标牌、霓虹灯广告牌、饭店布告栏、汽车广告等。这种广告采用醒目、动态的宣传画吸引过往行人的注意力（表2–10）。

表2-10 户外广告的特色及优缺点

<table>
<tr><th>户外广告</th><th>特色</th><th>优点</th><th>缺点</th></tr>
<tr><td>路旁广告牌</td><td>路旁广告牌能将广告的内容传递给驾车驶过的人。位于市中心道路两侧的广告牌，还有众多的过往行人看到</td><td rowspan="4">费用低。户外广告牌虽然制作费用较为昂贵，但是它们的租金和维护费用相对来说较便宜，摊到潜在顾客身上费用就更低。
时间长。户外广告的使用期限可以在一年到几年之间，并可设置在任何地方
辐射广。户外广告牌的信息每天可传递给百人、千人，甚至万人</td><td rowspan="4">信息简单。因为面积有限，只能表明一些要点，不可能详细介绍产品的功能和特性等信息
可能受到法律的限制。有些地区和国家限制户外广告的发布形式</td></tr>
<tr><td>标志牌</td><td>餐厅标志牌应详细地说明名称和地址、餐厅提供的服务，有助于说服潜在的顾客到餐厅来。建筑物上面的标牌还能及时告诉人们饭店的活动和服务项目</td></tr>
<tr><td>餐厅门口海报</td><td>制作和餐厅形象一致的菜肴特选、特别套餐、节日菜单和增加新的服务项目等海报</td></tr>
<tr><td>电梯内广告</td><td>电梯的三面通常被用来做餐厅广告，陌生人一道站在电梯内是较尴尬的，周围的文字对其则更为有吸引力，也能更好地取得效果。这对顾客是一个很好的推销方法</td></tr>
</table>

（二）报纸、杂志与直邮广告

餐饮酒店一般常用报纸、杂志进行宣传。报纸具有发行频率高、发行量大、信息传递快、覆盖面广的特点。杂志的读者群体明确，是广告宣传的良好媒介。

直接邮寄广告是指通过邮递方式发送广告，如宣传册、信件、优惠券等。这些广告可展示餐饮酒店的特色食品，将餐饮酒店的设施、产品、服务等情况告知顾客（表2–11）。

表2-11 各种广告形式的优缺点

媒体	优点	缺点
报纸广告	价格偏低，发行量大，传播面广。直接、灵活。取消和重发便利。可在一天内传播到很多地方，可以一周发一次，也可一个栏目发几天等	时效性短。阅读报纸速度很快，对于广告经常掠过，隔日的报纸容易被搁置不会再读。由于纸张和印刷工艺的原因，报纸广告中的商品外观形象和色彩不能理想地反映出来

续表

媒体	优点	缺点
杂志广告	保存期长。仔细多次阅读，并且可以传阅。固定的读者群具有突出的针对性。有较好的形象表达手段来表现商品的色彩、质感等，餐饮酒店可利用这些展示自己的菜品和典型的餐厅设施	广告费用较高。在杂志上刊登广告的费用要高得多 刊登广告需要较长的预留期。如果在此期间你的食品价格或菜单发生变化，可能会对你的经营造成不良影响
直接邮寄广告	选择性强。可以有目标地选择顾客进行营销。餐饮管理人员可收集顾客的信息从而安排邮寄广告。灵活性高。既可以个人名义发广告给顾客，又可以自行决定开始、结束邮寄时间	易被视为“垃圾邮件”。顾客可能将邮寄到手的广告认为是“垃圾邮件”，这样就有可能对酒店的形象产生不良影响

（三）电视与电台

电视与电台（又称广播）是向大众传播信息、提供服务和娱乐的大众传播媒体。此两种广告的优缺点如表 2–12 所示。

表 2–12　　电视与电台广告的优缺点

媒体	优点	缺点
电视广告	受众面广，家庭普及率高。电视广告视听效果兼具，并运用语言、声音、文字、形象、动作、表演等综合手段进行传播。餐饮酒店可利用电视展示酒店的精美食品饮品、气氛环境、精致的装修等	费用昂贵，播放时间越长，费用就越高。制作时间较长，时效性短
电台广告	广播能及时地将信息传递给听众，几乎不受时间限制，费用低廉，制作方便。节目形式可随时做调整，灵活性较大。覆盖面广。听众不受限制，只要有语言感知和理解能力，不用考虑年龄、文化程度等因素	电台广告的时间往往很短，不能重复播送，因此只能用来发布近期信息。 缺乏视觉形象。由于只能听，因此在电台广告中，不能表现食品的美味和幽雅的环境，对信息的形式形成了限制

（四）现代电子广告

1. 酒店官网

酒店网站，就是酒店以网络营销为目的，为了在互联网上进行宣传，节约宣传成本，增加宣传方式而建设的网站。许多餐饮酒店都拥有自己的网站，并利用网站来进行宣传、产品资讯发布、招聘等。

有的网络公司以提供网络资讯为营利手段，这些网站上提供人们生活各个方面的资讯，如时事新闻、旅游、娱乐、经济等。网站成为了信息搜索引擎，浏览量庞大，成为发布信息的新媒体渠道。

2. 其他互联网广告

互联网广告就是通过网络广告平台在网络上投放广告。利用网站上的广告横幅、文本链接、多媒体的方法，在互联网刊登或发布广告，通过网络传递到互联网用户的一种高科技广告运作方式。与传统的四大传播媒体（报纸、杂志、电视、广播）广告及备受垂青的户外广告相比，互联网广告具有得天独厚的优势，是一个全新的广告媒体，速度最快效果很理想，是餐饮酒店扩展壮大的很好途径。

3. 移动互联网

移动互联网（简称 MI）是一种通过智能移动终端，采用移动无线通信方式获取业务和服务的新兴业务，包含终端、软件和应用三个层面。终端层包括智能手机、平板电脑、电子书、MID 等；软件包括操作系统、中间件、数据库和安全软件等。应用层包括休闲娱乐类、工具媒体类、商务财经类等不同应用与服务。移动商务的人性化和互动性的特性可以实现以人为本的个性化服务。智能手机已经做到了可以 24 小时在线即时通信，移动互联网的使用时间呈现出碎片化的倾向。差不多在任何时间都可以看到用户在使用。把用户的闲暇时间都占满了。

对于餐饮酒店来说，数以亿计的手机用户就是巨大潜在客户群，可以帮助酒店大范围拓展客户群体。同时，移动电子商务还可以使酒店向服务客户提供最基本的商业信息服务时，避免陷入额外的投入和成本支出，有很大的灵活性，便于酒店操作。移动互联网时代，信息是被强制提醒，像病毒一样高速度、广泛的、大范围地传播。

4. 自媒体

自媒体（We Media）又称“公民媒体”或“个人媒体”，是指私人化、平民化、普泛化、自主化的传播者，以现代化、电子化的手段，向不特定的大多数或者特定的单个人传递规范性及非规范性信息的新媒体的总称。自媒体平台包括：博客、微博、微信、百度官方贴吧、论坛/BBS等网络社区。论坛、博客、微博、微信以及新兴的视频网站构成了自媒体现存的主要表达渠道，并具有低门槛易操作、交互强传播快、广告传播等特点。

餐饮酒店的产品宣传通过自媒体方式，由餐饮经营者、消费者的自媒体宣传，已经成为酒店重要的推销手段。

任务训练作业

一、案例实践

调研校园周边一家餐馆，运用相关知识设计一套推销方案。

二、要求组成学习小组，完成课堂讨论

1. 学习小组讨论的规则

在独立思考后，仍有疑惑需要解决，先是一帮一，两人间的讨论，如还有困难，再扩展为4人或5人间的讨论。如遇到较难的问题记录下来，班级讨论。

2. 学习小组讨论的形式

（1）自由发言式　学生可以在小组中自由发言，同学们各抒己见。

（2）轮流发言式　小组成员围绕一个中心问题挨个发言，一人不漏。

（3）一帮一讨论式　当部分学生在难题面前尽最大努力也不能解决，而教师又无法加以个别指导的时候就可以采用这种讨论方式。

学习单元三

餐饮服务管理

项目 1

餐饮对客服务类型

学习目标

- ➢ 能够叙述宴会服务程序；
- ➢ 能够叙述零点服务程序 ；
- ➢ 能够叙述自助餐服务程序；
- ➢ 能够叙述外卖送餐服务程序；
- ➢ 能够叙述餐饮服务特殊问题处理方法。

课程内容

一、宴会服务

（一）餐前准备

1. 设计与布置

（1）按照宴会要求布置场地，如摆放花篮、横幅、水牌等。

（2）按照设计好的台型图摆好餐桌，按铺台布的方法铺底布、面布，按照 10 人位台的要求摆放餐椅，摆转圈上转玻，按规范摆餐具、杯具、用具及附件，摆公筷、公勺两套，摆菜单，主桌摆上花盆；依台型图摆上台号卡等。宴会铺台在开宴前 15 ~ 30 分钟完成。

（3）分区与座位是否符合主办单位要求，主桌或主席区座次安排符合主办单位要求。高档宴会客人姓名卡片摆放端正。

2. 各种物品准备

（1）按照宴会要求准备好餐具、酒水、饮料。

（2）宴会开餐前 30 分钟领取酒水，提前 20 分钟上桌。

（3）根据特殊菜品菜式要求配好跟料与器皿、各类餐用具。

（4）对宾客自带酒水当面检查清点，存放好。

（5）按宴会所需备好餐具、用具，整齐摆放在工作台上，洁净、卫生、分类摆放。

（6）按规定形状折叠好小毛巾存放于毛巾车或毛巾柜内，消毒、温度适中、量足够。

（7）按客人要求将酒水统一摆放在桌子上或工作台上，统一对称商标朝向来宾。

3. 人员分工

服务员分工明确程度，服务员熟悉宴会服务工作内容、服务程序和质量要求。任务分工明确具体。传菜员、值台服务员、礼仪人员、迎宾员、领班、协调与备用人员等。

4. 熟悉菜单

宴会菜单、风味与烹制方法明确，宴会菜单酒水内容清楚。服务员能够背诵菜单，掌握主要花色品种的风味特点，主要原料、烹制方法、典故来历。便于上菜时主动向客人介绍。

服务应了解熟悉菜单的下述内容。

（1）菜单名称和出菜顺序。

（2）菜单的原料构成和制作方法。

（3）菜单所跟调配料及食用方法。

（4）菜单的口味特点和典故传说等。

5. 摆台

6. 餐前检查

餐前检查包括餐桌检查、卫生检查、安全检查和设备检查、仪表仪容检查等全面检查。各项准备需达到宴会要求的标准，宴会餐台、餐椅、备餐柜是否完好且符合宴会的要求。

（1）检查餐具是否整洁，有无破损，桌椅是否整洁，地面清洁等。

（2）检查照明、空调、音响等设备是否正常，提前60分钟开启空调，提前30分钟开启宴会厅所有灯光并检查灯具。

（3）楼面经理提前1小时对宴会各项准备工作及要求进行例检，确保宴会工作圆满成功。

（4）提前30分钟进行最后检查对不符合要求的立即改进弥补。

（5）发现问题通知工程部加紧维修并跟踪检查。

7. 召开餐前例会

参加楼面经理主持召开的班前例会，准时到达，认真听取和记录当餐宴会内容、要求，接受分配的工作任务，做到“八知”“三了解”，留意特殊菜品的上菜要求。班前会清楚介绍宴会情况。

8. 做好宴会设计

根据宴会的规模和规格，确定总的负责人。作为一般规格及桌数较少的宴会，应合理安排好人力物力，各项工作任务落实到人，做到分工明确、责任落实。对规格较高及桌数较多的大型宴会，则应由宴会负责人做好宴会设计工作。

宴会设计主要包括：宴会的总体设计、准备工作倒计时时间表、餐用具准备表、人员配备表、平面图（表 3–1）。

表 3-1　宴会设计的主要内容

宴会的总体设计	根据宴会的要求安排好服务方式、餐厅布置、绿化装饰、餐桌布置及摆放等内容
准备工作倒计时时间表	用倒计时方法安排出各项准备工作应完成的时间
餐用具准备表	根据宴会菜单和服务方式要求，计算出全部餐用具的数量并列出详表，交专人负责准备
人员配备表	根据宴会的服务方式，合理安排出各个岗位人数及工作内容
平面图	包括餐厅平面布局示意图、客人座次平面示意图等

宴会设计做出后应经经理审定，审定完善后，召开专门会议。按宴会设计内容布置和动员做好宴会接待工作。

9. 全面检查准备工作

准备工作全部就绪后，宴会管理人员要做全面检查。检查内容有以下几点。

（1）环境布置是否符合要求。

（2）人员及工作内容等分配是否合理。

（3）餐用具、酒水、水果、各种消耗品是否备齐。

（4）摆台、上冷菜、斟酒等是否符合相应的规范和规格。

（5）厅内照明、空调、音响等系统是否能正常工作。

（6）服务人员的个人卫生、仪容仪表是否符合要求。

（二）迎宾与领位

1. 迎宾

站立于岗位，站姿优美。客人到达时，服务员面带微笑、热情问候。所有准备工作结束，确认开餐前 30 分钟进入工作状态，迎宾站在大门口，服务员站在指定位置面向宴会厅门口准备迎接客人。客人到，迎宾员应热情礼貌的问候，把客人引进宴会厅。如果是 VIP 宴会，餐厅的经理或主管一起迎宾，引至专用的休息厅休息，精神饱满、站姿规范、提前进入状态，微笑、热情、使用敬语。

2. 引领

客至宴会厅，服务员行 35 度鞠躬礼，并说“欢迎光临”，协助主办单位迎接，安排客人入位。按宴会规定座次把客人引入席。

3. 拉椅让座

拉椅背用手示意客人入座，左膝抵椅背往里送，至客舒服为好。拉椅顺序：女士、重要客人、一般客人、主人。

4. 存放衣物

接过客人衣物，挂在椅背上，征得客人同意使用椅套将客人的衣服、包套住，并提示客人“请保管好自己的随身物品”！ 明确工作范围，语言到位，靠近通道附近、上菜位必须使用椅套。

（三）餐前服务与管理

（1）倒茶水，上毛巾、落口布、撤筷套。

（2）摆放冷盘　宴会开始前 15 或 30 分钟左右摆冷盘。上菜时注意荤素、味型、颜色的搭配并做好检查工作，上菜不重、不漏、看面朝向客人。

（3）征询是否开餐，是否需要增减餐台、餐具等。

（4）征询客人意愿，斟倒酒水。

（5）征询主人意见，上菜。

（6）宴会仪式及其准备。

（7）通知收银台做好结账准备以便随时准备结账。

（四）菜肴与酒水服务

1. 上菜

按菜单顺序上菜或一般上菜或按习俗顺序上菜。上菜先撤盘，调整台面，腾出上菜的位置，双手端盘，将菜上至转台，并转至主宾、主人处。

上热菜与介绍产品具有规范性，上菜符合礼仪。

大型宴会一般在副主宾右边的第一或第二位客人之间侧身上菜、撤盘，使用礼貌用语；

上菜时间一般在正式开宴前 5 ～ 10 分钟上凉菜，荤素搭配，疏密得当，排列整齐；

每道菜的间隔时间一般为 4 ～ 5 分钟。

2. 分菜

根据宴会规格和客人要求进行分菜、派菜，并提供相应的服务。派送菜品应从客人的右手边，并按先主宾后主人再顺时针方向进行。掌握好分菜件数，分量均匀，汤不流失，分后留少许在盘中让客人自取。

3. 斟酒

4. 撤剩余菜品，清理台面，换餐具，上水果叉或牙签等，上水果，倒茶水

（五）巡台服务

（1）勤换骨碟、毛巾。

（2）勤撤空杯、空碗，撤茶杯、撤空盘。

（3）勤斟倒酒、饮料、茶水，续斟酒水。

（4）征询客人味道是否合适。

（5）清洁桌面，保持台面清洁。

（六）结账服务

1. 退酒水，清点糖果

2. 核销增减菜点等花费

3. 与主办方联系，做好结账准备工作

实际出菜桌数、酒水、菜肴等应双方确认签字，优惠事项，收费标准，按宴会预定单规定执行。

4. 结账

（1）收银台打单　所有的账单和宴席预定单一同拿到银台汇总打单，将

账单放至收银夹，请客人结账买单。

（2）收银台收款　递上客人意见簿征求客人意见，银台收款或请客人签单，并礼貌向客人致谢。

（3）账单确认不错不漏，找补清楚。

（七）送客服务

（1）客人离开为其拉椅，提醒携带物品是否遗忘。

（2）检查桌面、地面是否遗留物品。

（3）欢送客人离开，“请慢走，欢迎下次光临”。

（八）清理工作与工作总结

（1）收舞台、撤饰品。

（2）还椅、收台。

（3）翻台，恢复台面，做好落台柜清洁工作。

（4）关好门窗、灯、空调、音响，切断电源，领班检查。

（5）大型宴会结束，主管一般召开总结会。

（6）写工作或管理日志，存档、传递信息等。

（九）宴会注意事项

（1）客人敬酒时，注意杯中是否有酒，及时斟添酒水。

（2）客人取烟，主动为其点烟，并准备和及时撤换烟缸。

（3）客人离席，主动拉椅，餐巾叠好放于餐位旁。

（4）客人上洗手间归来，为其更换毛巾。

（5）两个服务员不能同时为客人服务令其为难。

（6）客人挡住去路礼貌说“请让一下”，不能粗鲁越过客人或挤过去。

（7）服务员之间配合默契，当离开时给旁边服务员打招呼，不出现空当。

（8）席间客人感到不适立即向上级汇报，将食物保存留待化验。

（9）节目表演时需营造气氛，鼓掌，向客人介绍演出。

（10）服务操作要求轻拿轻放，严防打碎餐具和碰翻酒瓶、酒杯，以免影响宴会的气氛；“三轻”即：走路轻、说话轻、动作轻。

（11）服务要做到“四勤”，即：眼勤、口勤、手勤、脚勤，随时观察用餐情况掌握客人用餐需求。或者勤换骨碟、毛巾，勤撤空杯、空碗，勤撤换烟缸，勤斟倒酒、饮料、茶水。

（12）宴会服务应注意节奏，不能过快或过慢，应以宾客进餐速度为标准。

（13）当宴会中有祝辞、讲话或其他非就餐活动时，服务员要停止操作，迅速退至工作台两侧肃立，姿势端正，排列整齐，保持安静。

（14）客人有其他正当要求时，在不妨碍正常宴会服务的前提下，应设法尽量满足其需求。

二、零点服务

（一）餐前准备

零点摆台的相关程序与标准如表 3-2 所示。

表 3-2　零点摆台的程序与标准

程序	标准
铺台布	（1）选择尺寸合适的台布，需干净、无破损、熨烫平整 （2）手持台布立于餐桌一侧，将台布抖开，覆盖在桌面上，平整无褶皱，中股缝向上，中股缝方向面对玻璃窗，台布四周下垂部分相等 （3）再次检查台布质量及清洁程度
摆放烟缸、牙签筒	（1）圆桌摆放方法　主位及副主位正前方摆放牙签筒，两个牙签筒之间对称摆放烟缸，两个烟灰缸的连线与两个牙签筒的连线垂直；火柴摆放在烟缸上靠近转盘侧，火柴盒磷面向里，店徽向上。鲜花摆在玻璃转盘正中间 （2）方桌摆放方法　沿中股缝距靠桌边 10 厘米摆放牙签筒，相距 5 厘米摆放烟缸，火柴盒摆在烟缸上面，且火柴盒磷面向里，店徽向上，鲜花摆放在正股缝中间
餐具摆放	（1）正前方摆展示盘一个，距离桌边一指，店徽向上，展示盘内摆放骨碟一个，骨碟中间摆放口布一条 （2）在展示盘上方中央摆放酒杯一套（干红、干白或啤酒、白酒、软饮杯） （3）在展示盘右上方摆放小碗一个，小碗内摆放小勺一个，勺柄向左，小碗距展示盘相距一指，左上方摆放调料碟 （4）在展示盘左方摆放筷架一个，筷架上方左侧摆放长柄勺一个，右侧摆放筷子一双，在下方摆放牙签一个，筷子底部距桌边一指，筷架与展示盘相距一指 （5）筷架右下方摆放茶杯、茶碟一套，茶杯杯柄向外 （6）在展示盘左方摆放香巾碟一个，内放小毛巾一块，香巾碟与展示盘相距一指 （7）转盘中间摆放鲜花，鲜花右边可放台号卡或特别介绍菜，台号卡面朝客人进口处

续表

程序	标准
椅子摆放	（1）圆桌高背椅椅边应恰好触及台布下垂部分上，正主位，副主位座椅摆好后，其他座椅间距相等 （2）长方桌扶手椅边应与长方桌桌边距离 10 厘米 （3）所有长方桌扶手椅侧看应在与餐桌平行直线上
摆台检查	摆台应符合以上标准

（二）服务程序

1. 引领客人

在引领客人过程中，要询问顾客预定信息、就餐人数，为顾客引导餐台并征求意见，如果顾客不满意可重新安排介绍。

2. 为顾客递上菜单和酒水单

顾客就坐后，向顾客递上菜单、酒水单，请顾客阅览并说明是否有特别推荐和估清产品。

3. 为客人点菜及酒水

根据顾客点菜内容，开记点菜单或用点菜系统手持设备记录点菜。

4. 复述客人点单及酒水

完成记录点单后，要复述内容请顾客确认。

5. 开单

对经过顾客确认的点菜单确定并传送。

6. 餐中服务

为客人服务菜品时，从陪同客人位右侧将食品放在餐桌上，旋转至主宾与主人之间，并为客人报菜名；随时观察台面，随时撤空的餐具，及时更换烟缸。

7. 清洁台面

当客人用完正餐后，服务员用托盘从陪同客人位右侧撤掉所有餐具，只留下酒杯和饮料杯，撤餐具前须征得客人同意。

8. 征询客人意见

在不打扰客人谈话的前提下，主动走到主人右侧，礼貌地询问客人对本餐厅的服务和食品质量是否满意。如客人提出建议，应认真记录，并真诚地感谢客人建议。

9. 结账

当客人要求结账时，检查账单，将账单夹在账夹内，从主人右侧把账单递给客人，请客人结账。

10. 送客

（1）客人起座离开时，主动上前拉椅。

（2）提醒客人检查是否遗留随身物品。

（3）迎宾员将客人送出餐厅，并感谢客人，表示欢迎客人再次光临。

餐饮酒店应当经常对顾客换位思考，了解顾客对服务与就餐经历的期望，从而改进餐饮服务程序与标准。

三、自助餐服务

（一）自助餐前准备程序和标准（图 3-1）

1. 布置

（1）根据自助宴会前的预计通知，了解出席客人人数、国籍、用餐标准、举行时间、禁忌和此宴会的主题，并且知道宴会组织人用何种方式记账（如收餐券、数人数等）。

（2）宴会负责人会同厨师长，根据宴会情况，确定食品台（即菜台）的形状、大小（有圆形台、S 形台、弧形、条形、T 形、多边形台等）。

（3）食品台的大小和多少根据进餐人数和食品数目而定。一般每位客人取食品时约需 30 厘米的宽度。酒水台按 50 ~ 80 人设一个。

（4）食品台包括：菜品台、点心水果台、酒水饮料台、进餐台，此外视需要设置签名台、礼品台（常置于餐厅进门后的两边，如客人要求也可设主宾台）。

（5）布置宴会会场，可利用雕塑、花草或其他物品来装饰，要求场面壮观，气氛热烈，环境高雅。

2. 餐前准备

（1）准备与就餐人数相应的餐具，如主餐盘、主刀叉、骨碟，如有汤应准备些汤碗、汤勺。根据主人选定的饮料品种准备相应的杯具。杯、餐具数量要按人数的 2 ~ 3 倍准备。确保餐具、杯具干净亮洁，无污迹，无破损。

（2）根据热菜数量准备布菲炉、酒精及一些大汤勺、食品夹、装饰用的口布、花等。

（3）根据自助餐宴会的形式，将清洁过的干净餐具摆放在适当的位置上。

各餐盘、骨碟、筷子、主刀叉集中摆在菜品台、点心台的两头或适当位置。餐盘以 20 ~ 30 个为一组叠放。主刀叉、筷子叠放一起或简单造型。

（4）进餐台准备（摆台同自助散餐餐台摆台，其他同自助早餐餐台准备），并调整座椅，补充调味品。

3. 出菜

（1）上点心、凉菜、水果。

（2）准备饮料。

（3）上主食、热菜，并点燃酒精，摆菜牌。

（4）检查菜品质量。

（5）所有的菜品必须在开餐前 15 分钟出齐。

4. 人员准备

（1）在宴会开始前半小时，召集所有服务员开会，再次明确分工，强调服务标准及注意事项。

（2）自助宴会所需人数视宴会人数而定，灵活安排。人数在 150 ~ 200 人以上的宴会，餐厅经理必须在现场负责整个宴会的协调和组织工作。

（3）开餐前 15 分钟，服务员以良好的仪容仪表及规范的站姿各自归岗就位。

5. 相关设施设备的准备

（1）打开并调试灯光，烘托宴会氛围。

（2）调试音响，使其处于良好状态。播放适合进餐氛围的音乐，注意控制音量。

（3）调控室温（冬季 22 ~ 24℃，夏季 20 ~ 24℃）。

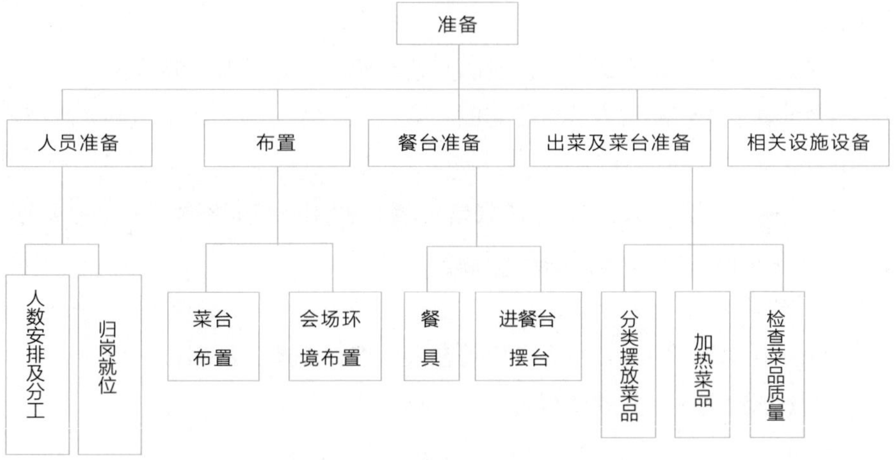

图 3-1　自助餐前准备流程

（二）自助餐服务程序与标准（图 3–2）

1. 迎接客人

（1）迎宾员保持正确的站姿和仪容仪表。

（2）客人进入后，微笑向客人打招呼“您好，欢迎光临 × ×。”声音要适中，吐词要清楚。目光亲切地注视客人眼鼻三角区。

（3）引领时迎宾员应站在客人右前方两到三步距离，用标准手势指引客人，简单地向客人介绍自助餐的使用方法。

2. 服务饮料

（1）询问客人喝哪种饮品。

（2）给客人斟倒其需要的饮品。

3. 开餐服务

（1）客人开始用餐后，服务员随时将客人用过的空餐具、杯具撤下（空盘从客人右边由服务员用右手端走，撤盘前应先征得客人用意）。保持进餐场所的卫生和台面整洁，使后到的宾客不感到零乱。

（2）随时为客人添加饮料，补充纸巾等。

（3）负责巡视的服务员不要影响客人交谈，更不能从正在谈话的客人中间穿过。

（4）看菜台服务员要注意公用餐夹、餐勺，看到脏的要立即更换，以免给宾客不卫生的感觉。

（5）有些客人对自取食品不习惯，服务员应主动送菜到餐桌。

（6）宴会进行中，服务员必须站在自己的岗位上，严禁闲谈，以免冷落客人。服务员之间要有协作精神，看到该做的而暂时没人来做的事情，要主动去做。

（7）宴会接近尾声时，要控制酒水的开瓶数量，以减少浪费。

（8）剩下的菜品客人要求带走时，应提供方便，但原则上点心、水果不带走。

（9）服务员在送菜、送酒或送餐具时，都应使用托盘而不能直接用手端送。

（10）结账时酒水消耗要统计准确。

4. 送客

（1）客人离开时为其拉椅，提醒客人检查有无遗留物品。

（2）感谢客人，并欢迎客人再次光临酒店。

5. 结账

找宴会组织人结清宴会费用。

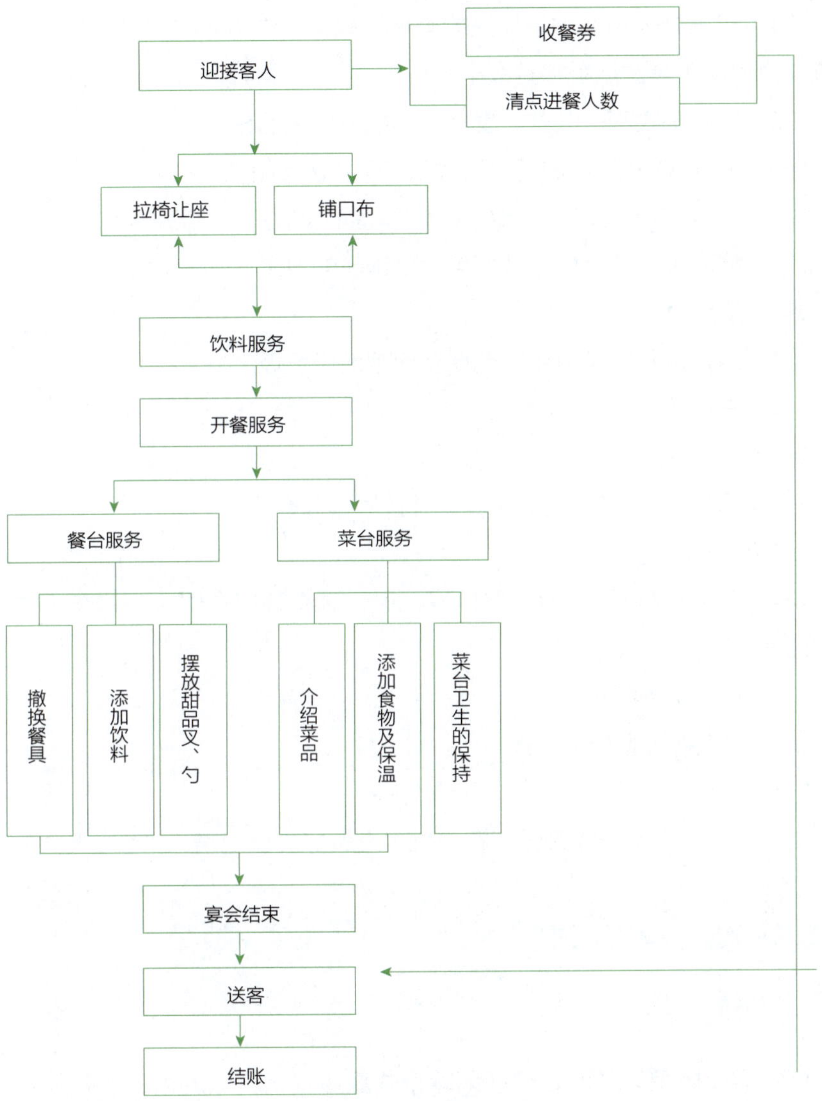

图3-2　自助餐服务流程

（三）自助餐餐后收市程序与标准

1. 收拾餐台

（1）客人走后，检查客人所坐位置是否有遗留物品，若有应及时送还客人或等客人回来领取。

（2）更换脏桌布、口布；清洁椒盐瓶、纸巾等台面上的用具并及时补充各项物器。

（3）整理并检查工作柜物品是否补充好。

2. 收拾菜台

（1）正确熄灭布菲炉下加热的酒精炉火种（先用温抹布压住炉口，使火熄灭，再用抹布包住炉身将其取出）。

（2）用餐车收回公共餐、餐叉、勺以及所垫的骨碟。

（3）整理好可以回收利用的食品，通知厨房取回。

（4）倒掉布菲炉中的热水，并擦干底锅。将布菲炉擦拭亮洁。

（5）清洁菜台的台面及做好菜台装饰品的卫生。

3. 清洁地面

（1）清扫进餐区域卫生。确保餐厅地面无垃圾。

（2）有地毯的区域需吸尘。

4. 餐具卫生

分类清洗、消毒各种餐具用具，并按原样放好。

5. 送交布草

与管事部分类对好数目，并做好记录，送交脏口布时，要将布上的食物残渣清理干净。

6. 清点所有的餐用具

做好每日餐用具清点记录。

7. 关闭部分电源。

关闭电、水、空调等开关，在交班本上做好交班记录。

四、外卖服务操作流程

（一）订餐员接听电话

订餐员在接受订餐时，要仔细聆听并复述客人所点的菜式。并将客人的菜式、数量、用餐人数、地址、客人姓氏和特殊要求记录下来。尽可能满足客人要求。

（二）写点菜单送到厨房，打好账单、一起交送餐员。

（1）摆位时检查餐车是否稳固、安全，餐具包装是否干净无破损。

（2）检查热菜配热箱状况。

（三）取饮品、食品

（1）送餐员迅速到吧台、厨房取饮品、食品。

（2）检查饮、食品是否符合标准。

（3）跟齐配料。

（四）送餐员按规定路线行走，送餐到指定房号地点

按门铃后，在离房门约一步外站立等候客人开门。客人开门后，微笑地向客人问好，并按照送餐卡内容询问顾客姓氏、确认订餐信息，如确认无误，双手送餐包裹。

按照准备好的账单问清楚客人是选择刷卡还是付现款后，把账单递给客人。现付金额要当面点清，需要找赎的账单，要迅速把零钱交还给客人。离房前要礼貌致谢。

（五）收餐具

如有使用配送餐具回收，按照送餐时预约收餐具时间上门回收，注意保洁与餐具安全。

五、服务特殊情况与客户投诉处理

（一）客人按菜谱点菜而厨房没有或估清处理方法

（1）表示歉意，征求客人意见，询问是否可以更换与这道菜价格、味型相似的菜品，如客人表示同意，以最快的速度将菜送上。

（2）如客人坚持要原来的菜品，马上与厨房联系，如可能调拨或迅速外出采购烹制，应请客人耐心等候。

（3）餐厅经理再次向客人表示歉意。

（二）客人在菜里吃出苍蝇，玻璃等其他异物的处理方法

（1）首先向客人表示歉意，并经客人允许后将此菜撤回。

（2）由餐厅负责人出面，征询客人意见，给予退菜或重新为客人做一份，或更换一道有特色的菜，为客人全单打九折，向客人做出深刻检讨，确保今后不再发生类似情况。

（3）事后组织有关人员调查此事，并对责任人做出罚款处理。

（三）服务员不小心将菜水、菜汤、饮料弄脏了客人衣物的处理方法

（1）首先给客人递上毛巾或餐巾纸，真诚地给客人道歉，服务员应协助客人擦拭，如是女宾，要让客人自己擦拭。

（2）服务员应当马上整理台面，如脏得厉害，则请客人换下为客人洗干净并请客人留下地址和电话，待衣服洗净后亲自上门送还。

（3）如客人不愿在酒店换衣服，可让服务员在客人用餐完毕后将衣服取回，洗净后再送还客人，以示歉意。

（四）客人对饭菜、酒水不满意而拒付款的处理方法

（1）客人对饭菜不满意，首先表示歉意，耐心问明情况，如客人所提要求是正当的，某菜肴有问题或不够实惠，或上菜不及时影响其进餐，则可以免收此菜的费用或打 9 折以示歉意。

（2）对酒水不满意，如客人认为酒水是伪劣产品，应告诉客人酒水有进货渠道票据可以报请管理部门查验，要耐心而礼貌。

（3）如客人对服务不满意，服务员应诚恳道歉，然后更换一名服务员。

（4）在处理以上问题时，餐厅经理应及时赶到现场，对客人表示歉意，当客人对服务和饭菜不满意拒付款时，应视情节轻重，尽量满足客人的合理要求，当客人结完账后再次表示感谢，事后召集有关人员认真总结经验教训，并对引发事故者做出相应的罚款或纪律处分。

（五）客人因醉酒而行为不检点，出现破坏酒店设施的情况后处理方法

（1）首先应通知经理，经理迅速赶到现场解决问题。

（2）如果客人行为不检点，应将女服务员换为男服务员或同时让几名服务员前去服务。

（3）停止对客人上带酒精的酒水，改上浓茶或醒酒汤。

（4）尽可能让醉酒者离开现场。

（5）清点现场损坏的杯子和设施，并请席中清醒客人到吧台把账结清，视情况轻重可加倍赔偿。

（6）根据情况，必要时报警。

（六）客人消费时间已经超过下班时间，甚至影响下一餐的准备工作时处理方法

（1）询问客人是否需要加菜或饮料，如不用，请客人先把账结一下，并告知客人酒店要收超时费。

（2）根据情况可为客人重新安排座位，以便做清洁。

（3）无论哪种情况，服务员都应请客人慢用，而不得将客人赶走。

（七）客人不小心将个人物品丢失却又找不到情况处理方法

首先向客人和值台服务员了解情况，弄清事情的经过，如丢失的是一般物品。可让客人留下地址和电话，以便找到后及时送还，如找不到，也应电话与客人联系，以示关心，如丢失的是重要的物品，则应请公安机关出面解决。

（八）客人点的菜长时间没有上，要求减账退菜情况处理方法

（1）首先向客人表示歉意，如因服务员漏记此菜，则客人的要求应完全予以满足。

（2）如客人点的菜需要制作的时间比较长，则应请客人谅解，并视情况，或立即催上或取消由客人决定。

（3）即使为客人减账退菜，也应由经理出面，再次向客人道歉。

（九）客人自备食品要求加工情况处理方法

（1）不能一概加以拒绝，只要能够确认没有腐败变质，不属于致病的食物，应尽量满足客人的要求，但要向客人说明酒店的规定，适当收取加工费。

（2）客人带来的生日蛋糕可协助切开。

（十）烫伤、滑倒及摔倒情况处理方法

上热菜、倒茶水注意提醒客人，防止烫伤。餐厅须备烧伤药膏以防备用。

不慎踩到地上的汤汁或碰到地上的障碍物及有缺陷的桌椅等，都有可能使人滑倒、摔倒。要预防此类事故发生应当做到：迅速擦干净溢出液体保持地板清洁和干燥；要及时撤走通道障碍物；在地面上铺设防滑垫等。听到包厢里有异常的碰撞声、打碎餐具、酒瓶的声音，就要及时进行主动地处理，避免留下安全隐患。如果发现儿童在餐厅乱跑、乱跳，应立刻规劝，并告之父母或带领人看管好孩子。

餐厅内应有警示性标语，减少客人发生事故的可能，如明示“小心烫伤”“小心地滑”，或“请您及小孩下楼时小心”等。

如果不幸有客人烫伤、不小心摔伤，首先应对客人进行急救处理，送药并进行安慰，如情况严重应尽快去医院处理和治疗。医院会做专业的包扎处理，并注射抗菌素或破伤风抗毒素，以预防感染。

客人用餐完毕，可以给客人适当优惠，并记下客人姓名、地址和电话，事后通过电话问候客人，必要时也可登门拜访，以示诚意。

任务训练作业

一、调研讨论

有顾客在餐厅摔倒腿部破伤，餐厅管理人员陪同顾客附近诊所包扎处理。顾客回去后发生感染并到医院自行就医，事后到餐厅索赔，请以餐厅负责人角度，拟写一份处理方案。

二、要求组成学习小组，完成课堂讨论

1．学习小组讨论的规则

在独立思考后，仍有疑惑需要解决，先是一帮一，两人间的讨论，如还有困难，再扩展为4人或5人间的讨论。如遇到较难的问题记录下来，班级讨论。

2．学习小组讨论的形式

（1）自由发言式　学生可以在小组中自由发言，同学们各抒已见。

（2）轮流发言式　小组成员围绕一个中心问题挨个发言，一人不漏。

（3）一帮一讨论式　当部分学生在难题面前尽最大努力也不能解决，而教师又无法加以个别指导的时候就可以采用这种讨论方式。

餐饮运营管理

项目2

学习目标

➢ 能够叙述开餐前的准备工作；
➢ 能够叙述餐饮收入控制方法；
➢ 能够叙述排班计算方法；
➢ 能够概括说明排班步骤。

课程内容

一、开餐前的准备工作

（一）检查设施设备

1. 检查设备设施状态

（1）桌子、椅子摆放。

（2）遥控、衣架、垃圾桶等物品陈列。

（3）茶几、沙发无尘，物品摆放齐全。

（4）窗帘系起，窗帘带子在同一水平线上，纱窗拉拢。

（5）检查电器运转情况（灯具、电视机、空调、消毒柜、微波炉等）房内所有物品齐全完整。

2. 检查设备设施卫生情况

（1）门牌　完整无尘，门板无尘、无油渍、污渍。门把手无松动。

（2）地面　无垃圾、无杂物（桌子、沙发下面）。

（3）台面　底布、桌布均匀铺平，无破损无污渍。餐具摆放标准，无破损、无污渍、油渍和指纹，摆放完整。转玻无油渍无污渍。

（4）卫生间　卷纸叠好成三角形，洗手台无灰尘及水迹，马桶干净无水迹污渍，镜面无水迹。垃圾桶内的垃圾袋不露耳朵、地面干净无杂物。

（5）备餐间　与工作无关的物品及时清理，毛巾备好整齐摆放，柜内物品归类摆放整齐，茶杯干净无茶渍无异味，地面干净无水迹。

（6）备餐柜　餐具、银器无油迹、污渍。归类放好，无其他物品。

（7）电视机　无尘、无水迹。

（8）植物　（室内外）绿叶无尘，无黄叶，盆内无垃圾，盆身无污渍，低盘内无污水。

（9）壁画　无尘，端正挂于墙面。

（10）墙角线　干净无尘。

（11）窗台　干净无尘。

（12）茶几　报纸书刊在茶几的左上角，物品依次摆放整齐。

3. 餐前设备准备

（1）空调　预定房开空调（关好门窗）。

（2）物品配备　芥末、迎宾茶、口布等物品。

（3）电视　待机状态。

（4）开水　各房间备好开水（查看开水器安全隐患）。

某餐厅餐前检查工作程序如表 3–3 所示。

表 3-3　某餐厅餐前检查样例表

检查项目		检查标准	中餐	晚餐
仪容仪表 精神面貌		服务员是否按规定关闭并穿戴整齐 制服是否合体、清洁、无破损、无油污 工牌是否端正地佩戴于左胸前 指甲是否修剪整齐，是否涂有指甲油 是否留有怪异发型，发型是否符合标准 站姿是否符合标准，是否有倚靠等不规范动作 精神状态是否保持最佳		
餐厅	桌子	无晃动、无水迹油迹，桌布下坠一致、无污渍 桌面（玻璃面缝）清洁无污渍、水迹、手印 餐具摆放规范，无水迹油迹、无破损、无异味 筷子筷套，不变形，不褪色，无异味 牙签盒无油迹，牙签充足 台卡背后无手印，无水迹油迹		

续表

检查项目		检查标准	中餐	晚餐
餐厅	地面	地板保持地板原色、无污渍		
		无垃圾、无油污水迹、边角无卫生死角		
	椅子	椅面和靠背无浮尘、无污垢、无细渍杂物		
	工作柜	柜内清洁卫生，无灰尘霉迹，门关闭正常		
		五常：物品整齐有序，无私人物品		
		餐具：光亮、无油迹、异味、指纹、分类存放		
	垃圾桶	无污渍、水渍、油迹，无异味		
	墙、窗、窗帘	无污迹、无浮尘、无吊灰、无破损		

（二）执行预订流程

许多餐厅都接受顾客预订，在开餐前应当根据预订情况，预留餐台餐位。对预订信息要详实记录顾客预订要求及联系方法，开餐前30分钟联系顾客确认预订信息并致以感谢。如有取消预订，及时通知餐厅管理人员。

（三）服务区域分配

餐厅接待与保洁等工作通常是按照餐台数量来划分为不同区域，有管理人员安排餐厅工作人员负责不同区域的相关工作，并进行接待服务质量、卫生保洁质量的管理考核。每个服务人员可以负责的餐台数量取决于以下因素。

（1）餐位总数。

（2）预期翻台率。

（3）服务形式。

（4）菜品种类与服务要求。

（5）服务人员个人经验。

（6）班次内人员数量。

（四）召开班前会

开餐前召开简明扼要的班前会，向餐厅厨房人员讲明已知客情、出品情况等，强调相关工作质量要求。召开班前会将会直接影响到本餐接待工作效果。

二、餐饮收入控制

（一）餐饮服务人员收入控制

1. 使用顾客账单

使用顾客账单制度，是指点菜单的吧台记账联、厨房制作联及顾客餐台存留联三联单执行办法，顾客的点菜、上菜、结算的全过程都将有完整一致的对应凭据，可以由餐厅管理人员、财务人员对账核查，防止出现多付、少付产品，或多收、少收钱款等问题。

2. 使用点菜终端

随着信息技术的普及应用，点菜单已经被点菜终端设备取代，点菜软件系统解决方案保证了点菜、制作、收款信息的一致性。使用点菜信息化系统，提高了点菜工作效率与质量。

3. 收款制度

餐厅收款形式日益丰富，收银员人工收费、银行卡刷卡消费、手机支付等，都成为餐厅为顾客提供结账服务的日常形式。

（二）酒水服务人员收入控制

1. 餐厅吧台调酒或制作饮料人员控制

餐厅吧台提供自制、自调酒水饮料服务模式非常普遍，由于销售的酒水为非标准化生产以及吧台酒水制作人员可以直接收取账款，因此，酒水制作人员可能出现管理漏洞，主要形式有以下几个方面。

（1）制作出品不记账。

（2）克扣或稀释酒水，积累后销售不入账。

（3）高价售出低价酒水，牟取差价。

（4）自采酒水以退单为由套取顾客消费差价。

对于上述问题，餐厅要强化收银流程，采取账单处理经理审批、餐厅货品强制标识等措施，做好收入控制。

2. 餐厅酒水服务人员的控制

餐厅酒水服务人员，在销售酒水过程中，存在独自处理销售业务的现实情况，因此可能出现管理漏洞，主要形式有以下几点。

（1）出品不记账。

（2）偷取吧台现金。

（3）以自采酒水饮料退库，套取顾客退款差价。

对于上述问题，餐厅要强化收银流程，采取收银台视频安全监控、餐厅货品强制标识等措施，做好收入控制。

三、餐饮收市工作

餐饮收市工作包括卫生清洁、物品整理、垃圾处理、安全检查等主要内容，高效率、高质量完成收市收档工作，需要严格执行相关工作要求，做好督导检查。由于餐厅收市工作项目繁多，通常餐厅都使用检查记录表的方法落实收市管理工作，由餐厅管理人员根据表单项目要求逐项完成对照检查，并做好记录，同时作为员工工作质量考核的依据（表 3–4）。

表 3-4 某餐厅收市记录表（样表）

时间： 年 月 日 记录人：

区域	检查项目	检查结果	整改措施		奖惩意见
			时间	责任人	
前厅	大厅地面卫生				
	桌椅摆放及卫生				
	餐具卫生抽查				
	备餐柜整理情况				
	收银台卫生				
	收银台扎账人数、台位数是否与迎宾员一致				
	收银电脑系统是否正常关闭				
	收银款及收银备用金是否正确				
	收银款是否按规定程序入保险柜				
	保险柜是否锁好				
	电脑、音响系统关闭				
	大厅照明系统关闭				
	大厅消防设施完好				

续表

区域	检查项目	检查结果	整改措施		奖惩意见
			时间	责任人	
前厅	大门是否锁好				
	餐台冷藏柜正常工作				
	餐台冷藏柜清洁				
	餐台台面卫生				
	调料台卫生				
	消毒柜正常运转及关闭				
	泔水的处理及清运				
	调料的回收和储存				
	菜品的回收和储存				
	火锅架等餐具送至洗碗间				
	脏台布的更换				
吧台	吧台整洁、卫生				
	饮料设备卫生				
	剩余水果的回收及储存				
	啤酒、饮料器皿、设备卫生及关闭情况				
后勤	仓库库门是否锁好				
	员工就餐区清洁				
	员工更衣间卫生				
	办公室是否锁好				
	财务室是否锁好				
中厨房	中厨房整洁、卫生				
	中厨房冰箱是否正常工作				
	水、电、煤气是否关好				
	剩余菜品的回收及储存				
	中厨房门是否锁好				

续表

区域	检查项目	检查结果	整改措施		奖惩意见
			时间	责任人	
火锅房	火锅房整洁、卫生				
	火锅房冰箱是否正常工作				
	水、电、煤气是否关好				
	火锅房门是否锁好				
凉菜房	凉菜房整洁、卫生				
	凉菜房冰箱是否正常工作				
	水、电、煤气是否关好				
	凉菜房门是否锁好				
面点房	面点房整洁、卫生				
	面点房冰箱是否正常工作				
	水、电、煤气是否关好				
	面点房门是否锁好				
烧烤间	烧烤房整洁、卫生				
	烧烤房冰箱是否正常工作				
	烧烤房门是否锁好				
	水、电是否关好，碳是否熄灭				
洗碗间及初加工间	加工间清洁卫生				
	加工间物品摆放				
	洗碗间清洁卫生				
	洗碗间物品摆放				
	洗碗间电器、水是否关闭				
其他	营业额 / 接待人数				
	其他营收入				
	当日营运主要问题及客人投诉情况				
	收市人员离店时间				

四、工作人员排班管理

（一）排班系统概况

1. 合理地安排排班人员的重要性

排班管理是一种利润管理的手段，合理地执行排班工作是餐厅正常营运的必备因素。合理的排班能够确保在每个时段上都有最佳数量的员工，这样既能保证工作质量，又不会造成人力浪费。合理的排班可以产生的效果有以下几个方面。

（1）减少餐厅的人工成本　利用科学的排班方法，根据小时营业额的波动，合理的安排工时，可以在保证营运的同时，最大的降低工时的浪费。

（2）有效提高员工生产力　利用新老员工的合理搭配和高低峰的落差，既可以保证低峰期的员工训练，又可以利用高峰期进行生产力提升训练。

（3）确保餐厅的各系统的正常运转人员是餐厅其他各项工作的基础，将合适的人员安排在合适的时段，执行相应的任务，则能保证餐厅的订货、训练、维修等工作有序的进行。

（4）可以保证员工的身心健康　根据劳动法和员工的双重要求，排班经理通过及时的跟进与员工的沟通，合理的安排休息，可以有效的保证员工的身心健康。

反之，不合理的排班无论人员排得过多或过少，均会对餐厅造成负面影响。包括以下几个方面。

①无法满足个别员工的工时需求。

②无法适当地安排训练和练习的机会。

③员工士气低落。

④人力成本上升。

⑤餐厅品质、服务水平、卫生质量降低。

⑥影响顾客满意度，导致营业额下降，离职率上升。

2. 排班负责人的工作职责

通常情况下，应该是餐厅领班以上的管理人员。或已晋升为助理半年以上的管理人员，才可以负责排班管理工作。排班管理的工作职责主要有以下几个方面。

（1）了解餐厅员工的组成状况及可排班时间。

（2）按照员工提供的时段及工时，准确记录在服务排班资料表中。

（3）排班前及时调整直接工时位置表并取得经理的核准。

（4）确保排班的完整性与正确性；根据餐厅的历史数据，分析餐厅人力成本及人员效率。

（5）预估餐厅未来周期内的营业额，并及时确认调整。

（6）根据要求及时排定公布员工班表；并合理安装训练人员及班表。

（7）根据餐厅需要调整班表。

（8）协助安排员工训练及安排训练员执行训练计划。

（9）班表依规定排出，并在每周五之前公布下一周的排班情况。

（10）对人员效率的执行、追踪及反馈。

（11）将排班中遇到的人员状况与餐厅经理、培训经理进行沟通，促进人员招募与训练。

3. 排班的基本要素概念

餐厅的员工平均工作效率是可以计算的，而通过员工平均工作效率，就可以与预估营业额进行比对，通过换算，就可以得出所需的工时数。工时按照对餐厅营业额产生的作用不同，可分为直接工时与间接工时表 3–5。

表 3–5 直接工时与间接工时

<table>
<tr><td>直接工时</td><td colspan="3">因创造小时营业额，直接参与产品的制作、包装及传递给顾客的工时，如生产产品，提供服务所发生的工时。通过合理分配直接工时位置，我们可以规范直接工时管理。直接工时在班表上用实线表示</td></tr>
<tr><td rowspan="2">间接工时</td><td rowspan="2">指不因小时营业额及直接从事于产品的准备、制作、包装及传递给顾客的工时（如清洁、开市、打烊、培训）。间接工时在班表上用虚线表示</td><td>间接变动工时</td><td>指间接工时中随着营业额变动而变动的工时间接变动工时主要包括：训练、解冻、进货</td></tr>
<tr><td>间接固定工时</td><td>指间接工时中不受营业额影响的工时（只有在餐厅有特殊需要时才调整）。包括：开市（开铺前设备的组装及开机，产品的准备及补货等）；打烊（打烊前的准备工作及打烊后设备的拆卸、清洁工作）</td></tr>
<tr><td rowspan="2">TC</td><td rowspan="2">Transactions Count
是指交易次数</td><td>进单 TC</td><td>半小时内点单入 POS 机的消费笔数，主要用来衡量相应的接待员、服务员的需求数量</td></tr>
<tr><td>在台 TC</td><td>在某个时间段，有多少的客人就餐，就需要有多少的服务员为其服务</td></tr>
<tr><td colspan="2">排班工时计算原理</td><td colspan="2">预估时段营业额 / 小时营业额人员效率 = 所需工时数
预估时段交易次数 /CPH= 所需工时数
算出所需工时数后，通过合理分配直接工时位置，就可以排出班表所需的位置</td></tr>
</table>

4. 排班中预估营业额注意事项

（1）参考前三周的营业额。

（2）取前三周的实际数额的平均值，剔除特殊因素造成营业额波动，并参考去年同期时段是否有相同的趋势形态。

（3）季节改变（一般来说，当天气转冷，营业额会有下滑的趋势。从寒转热，营业额通常会有提升。）

（4）节假日（考虑假日的天数与假日发生的时间。如：春节、五一、十一、元旦、情人节、元宵节、妇女节、儿童节、教师节、圣诞节、寒假、暑假等）。

（5）社区或商圈的活动（考虑餐厅在订货周期内的营业额将会因为社区活动而有所影响。如球赛、音乐会等，都可根据以前的历史资料，来预估这些活动对营业额的影响）。

（6）当完成排班周期营业额预估，要与店经理沟通并取得他（她）的同意。

（二）实际工作中的排班计算方法

1. 收银员的计算

一般情况下，每个餐厅仅设置一名收银员。

2. 接待员的计算

先求出设定时内一名接待员能带客人桌数；再求设定桌数客人所需的接待员人数。

例题：求半小时内该餐厅应该安排多少名接待员？

已知条件：

（1）某餐厅接待员从门口将客人带到座位上，再回到门口所需的平均时间为 1.5 分钟，即接待员为每桌客人服务的时间为 1.5 分钟。

（2）半小时内到餐厅用餐的客人为 30 桌。

（3）接待员的岗位上设有一名固定的接待员，为随时到餐厅用餐的客人服务。

题目分析：先求出半小时内一名接待员能带多少桌客人；再求 30 桌客人所需的接待员人数。

30 分钟 ÷1.5 分钟 / 桌 = 20 桌

30 桌 ÷20 桌 + 1 名 = 2.5 名 ≈ 3 名

注意：有些餐厅考虑到成本的问题，会只设置一名接待员。这样的做法虽然节约了成本，但服务质量却下降了。因此，每个餐厅要根据自身的实际情况，权衡好人力成本与服务质量的利弊关系。

3. 传菜员的计算

先计算每桌需要消耗一名传菜员的时间；其次计算设定桌数需要消耗传菜的时间；最后计算出设定时间所需要的传菜员人数。

例题：半个小时内需要安排几名传菜员？

已知条件：

（1）某餐厅每桌的平均交易额为 125 元。

（2）餐品的种类构成包括：饮料、开胃菜、副菜、主菜、甜点。

（3）假设饮料和开胃菜可以同时传送，副菜、主菜、甜点每趟只能传送其中一类。

（4）传菜员从传菜台把菜传到顾客的桌子上，并回到传菜台所需的传菜时间为 1.5 分钟。

（5）半小时内来了 30 桌客人。

题目分析：根据已知条件（3）、（4）可以知道每桌客人需要消耗一名传菜员 6 分钟的时间，那么 30 桌客人就需要消耗 180 分钟的时间，最后就可以计算出半个小时所需要的传菜员人数。

解题：

1.5 分钟＋ 1.5 分钟＋ 1.5 分钟＋ 1.5 分钟＝ 6 分钟（一名传菜员 / 桌）

30 桌 ×6 分钟（一名传菜员 / 桌）＝ 180 分钟 / 名

180 分钟 / 名 ÷30 分钟＝ 6 名

4. 主菜厨师的计算

先计算出烹制设定数量菜品需要的时间；其次计算出设定桌菜烹制所需的时间；最后计算出设定所需要的主厨人数。

例题：半个小时内需要安排几名主菜厨师？

已知条件：

（1）某餐厅每桌的平均交易额为 125 元。

（2）主菜 2 道 / 桌。

（3）一名主厨烹制一道主菜的时间为 3 分钟。

（4）半小时内来了 30 桌客人。

题目分析：根据条件（2）、（3），计算出烹制 2 道菜需要的时间，再根据条件（4）计算出烹制 30 桌客人的主菜所需的时间，最后计算出半个小时所需要的主厨人数。

2 道 / 桌 ×3 分钟 / 道＝ 6 分钟 / 桌

6 分钟 / 桌 ×30 桌 = 180 分钟

180 分钟 ÷30 分钟 = 6 名

副菜厨师的计算（计算方式同主菜厨师的计算）

（三）合理地排出班表

1. 排班步骤方法（表 3–6）

表 3-6　排班的步骤方法

步骤	内容	结果
预估营业额 /TC	准确的营业额及 TC 的预估 预估下一周计划完成的营业额和交易量 (TC) 确认餐厅员工生产力水平，以确定餐厅直接工时表 预估符合营业额 / 交易数量 (TC) 需求的工时数	这一周所允许的工时数
排定班表	参考餐厅直接工时位置表及间接工时管理表，依据这一周每一天每小时的交易量（TC）顾客分布状况，排定班表	
工作人员安排	按照班次和岗位需要安排员工工作的位置 用颜色区分上班时段 白天班——蓝色（左边） 晚上班——红色（右边） 注：白天班与晚上班的分界，以“16:00”为分界点	一份详细的班表，应标明员工确切的工作时间和工作内容
班表的执行与追踪	追踪实际使用的工时数与被分派的工时相比较（建议每日进行比较分析） 将实际人力成本及生产力与目标人力成本及百分比作比较 沟通计划更正人力成本的问题	确保所有管理组都能正确执行班表并能认真控制人力成本

2. 编排班表应做到良好的沟通

成功的沟通是合理排班不可缺少的因素，所以排班负责人在完成有效的班表时，需要针对相关事项进行良好的沟通，沟通的方式很多，如：一对一、联络本、会议、电话等，可根据事情的轻重缓急，而采取适当的沟通方式来交换意见及解决问题。需要沟通的事项包括以下几点。

（1）员工可排班时间。

（2）员工出缺勤情况。

（3）员工的工时需求。

（4）员工之间的代班及请假等事项。

（5）在直接工时方面，整个班次新老员工安排的比例是否协调。

（6）在间接工时方面，必须与管理组沟通协调，间接工时安排是否达到预期的结果。

3. 线型排班方法

线型排班是指使用直线在班表中体现所需工时的一种排班方法。线型排班仅是针对一周中某一天每小时的直接工时来做的，间接工时是在工时分派到班次中之后加入的。

每个员工都担负着首要及次要的工作职责。这样安排的目的是为了让每一位员工都能潜心于工作并在所有时间段都有压力。

顾客直接接触的及生产主要产品的岗位是对餐厅影响非常大的工作岗位，可以安排经验丰富的员工在高峰时段在重要的位置工作，从而确保达到标准并达到顾客满意。也安排工作经验较少的员工在非高峰阶段进入到影响较大的岗位工作，这可以让他们在没有压力的情况下进行工作实践。

如果在营业额低迷时，为有效利用非高峰时段，值班经理可以执行以下工作。

（1）进行工作中培训。

（2）安排员工执行原定在周末或晚些时候进行的清洁和维护保养工作。

（3）如果在这个班次的后段中营业额预计不会有所提升的话，在征得员工同意的前提下，可让部分员工提前下班。

4. 核准及公布

班表完成后需经餐厅经理核准、签名，并于当周周四前公布下周整周的班表（表 3–7）。

表 3–7 某店某年某月份工作人员排班表（样表）

编排人：

姓名	职位 星期 日期	1	2	3	4	5	6	7	8	9	10	11	12	13	14	15	16	17	18	19	20	21	22	23	24	25	26	27	28	29	30	31	共休	欠休
		二	三	四	五	六	日	一	二	三	四	五	六	日	一	二	三	四	五	六	日	一	二	三	四	五	六	日	一	二	三	四		
楼面											A 班：							B 班：							C 班：									

续表

厨房		A 班： B 班： C 班：
备注	1. 经理、楼面及厨房管理人员每周周末及公众假日一般情况下均不能休息 2. 经理和主任、厨师长不能同一天排休。 3. 经理每周至少安排一次早、晚班，晚班必须在周末	
填表说明	各分店可根据店内实际情况自行制定班次，可以为两班（A、B 班），也可以为三班（A、B、C 班）；班次时间段需注明清楚（填写在蓝色框中）；班次按 A、B、C 输入，调休的员工在方格中输入“休”字，表示休假；表格数不够可自行调整，每月日期不同，请注意修改格式。	

（四）班表的执行与追踪

1. 班表的执行与追踪

要确保每一位值班经理都必须按班表的要求进行追踪班表，并严格按要求填写班表和签名，以确保班表的作用能完全发挥出来。

2. 人力成本的控制

为了人力控制成本，需确保每个员工都被有效地安排在各个工作岗位上。当排班负责人需要在高峰时段增加人员，安排足量工时时，可以考虑的措施有以下几点。

（1）找愿意在白天高峰或晚上高峰时工作一小段时间的员工。

（2）安排经过交叉培训的员工。

（3）将准备工作移至高峰前完成。在高峰期间将生产区的员工移至服务区工作。

3. 人力成本的分析

人力是餐饮酒店的一个重要资源，并且也是餐厅运营的主要成本之一，如果排班管理不能有效地使用人力资源，就是在浪费资源，并在利润表上增加额外的费用。要控制人力成本，排班负责人需要做到正确预估营业额及交易量（TC）和正确排班。产生人力成本差异问题的原因包括以下几点。

（1）不正确的 TC 预估。

（2）没有效率的排班。

（3）执行不佳。

（4）生产力低。

（5）平均小时工资（报酬）高，小时工资是指员工基本工资。

（6）间接工时安排时间太长。

（7）直接工时位置表制定不合理。

任务训练作业

一、计算题

1．某餐厅接待员从大门将顾客带至座位并回到大门口所需的时间为 2 分钟，预计半小时内将有 25 桌顾客进入餐厅消费，那么此时餐厅需要安排几名接待员？

2．某餐厅一名主厨烹制一个主菜所需时间为 3.5 分钟，平均每桌有 2 个主菜，半小时内来了 32 桌顾客，请问半小时内需要安排多少名主厨？

二、任务训练

实地观察了解一家西餐厅人员工作情况，根据所学知识内容，研讨制定一份餐厅工作人员工作任务流程管理规范，并阐述如何防止收入流失。

要求组成学习小组，完成课堂讨论

1．学习小组讨论的规则

在独立思考后，仍有疑惑需要解决，先是一帮一，两人间的讨论，如还有困难，再扩展为 4 人或 5 人间的讨论。如遇到较难的问题记录下来，班级讨论。

2．学习小组讨论的形式

（1）自由发言式　学生可以在小组中自由发言，同学们各抒己见。

（2）轮流发言式　小组成员围绕一个中心问题挨个发言，一人不漏。

（3）一帮一讨论式　当部分学生在难题面前尽最大努力也不能解决，而教师又无法加以个别指导的时候就可以采用这种讨论方式。

项目 3 餐饮软件应用

学习目标

- 能够准确解说餐饮管理系统数据流程图；
- 能够概括说明餐饮管理 ER 图；
- 能够比较说明传统点菜方法与计算机点菜系统的特点。

课程内容

一、餐饮管理系统

餐饮管理系统是为了适应餐饮业发展、服务餐饮酒店日常管理的计算机信息管理系统。餐饮管理系统能帮助餐饮单位提高服务管理质量、工作效率、员工绩效考评，可以及时掌握消费者信息，协调处理产品缺货等情况。目前，大部分餐饮酒店单位都引进应用了餐饮管理系统软件。

（一）餐饮管理系统数据流程图

顶层：

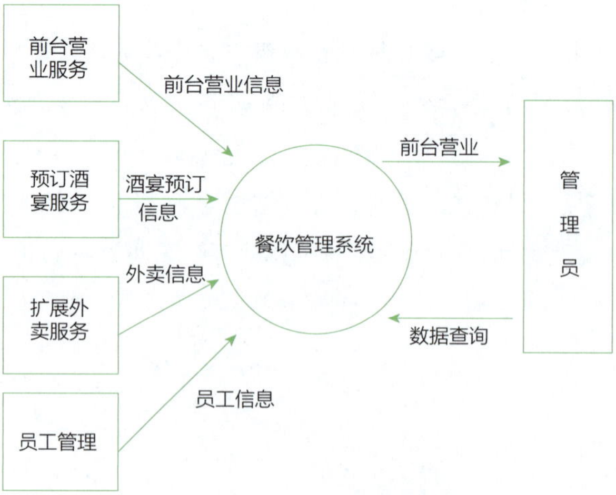

图 3-3　餐饮管理系统数据流程（1）

0 层：

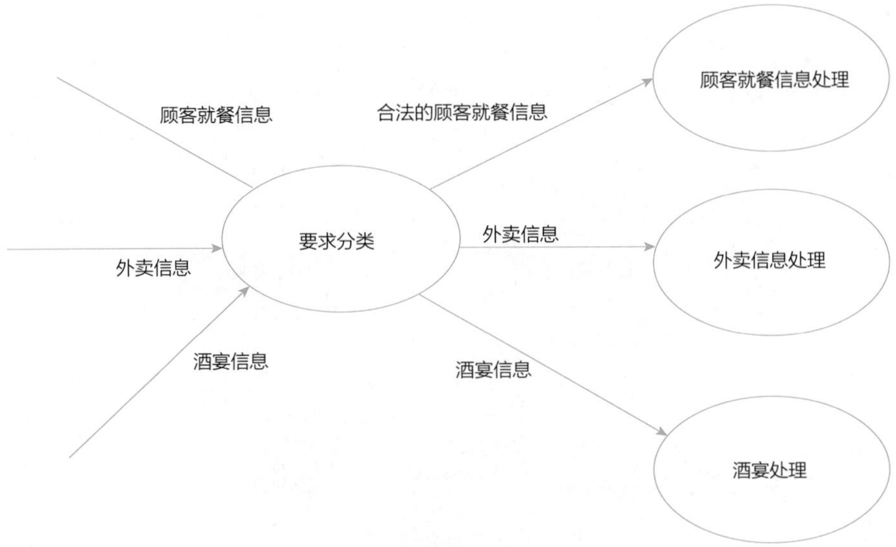

图 3-4　餐饮管理系统数据流程（2）

1 层：

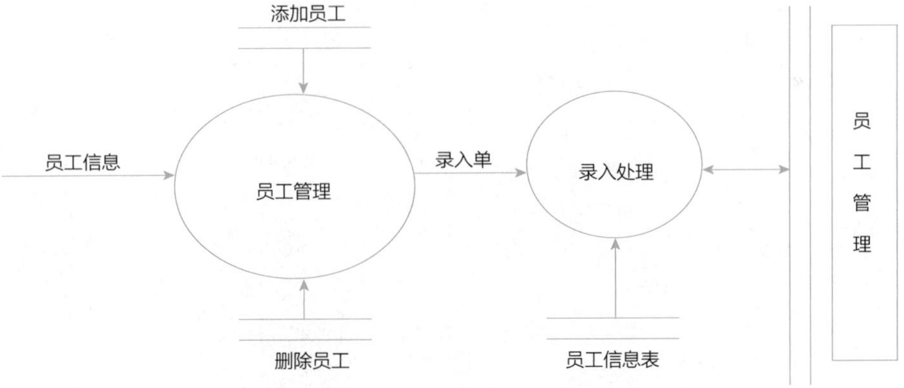

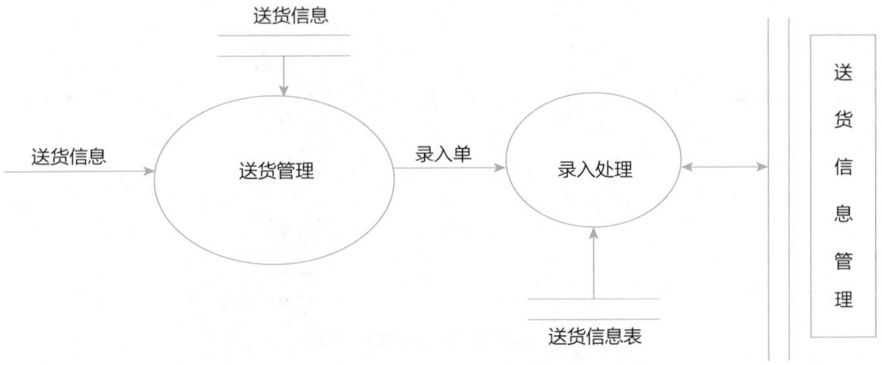

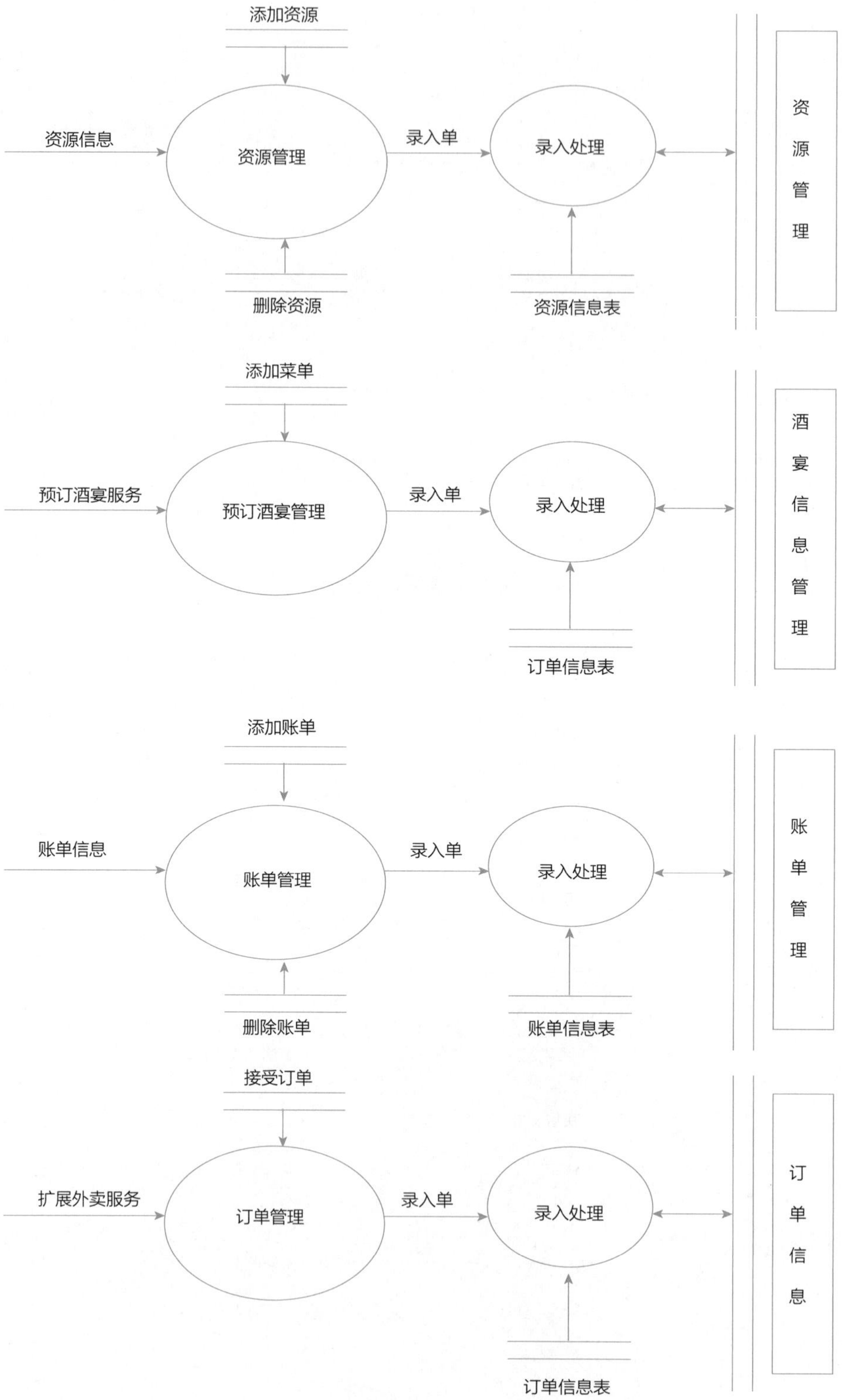

图 3-5　餐饮管理系统数据流程（3）

（二）餐饮管理系统 ER 图

餐饮管理系统ER的主要的实体有餐桌、客人、菜谱、餐饮、账单、点菜单等。实体 ER 图如图 3-6 所示。

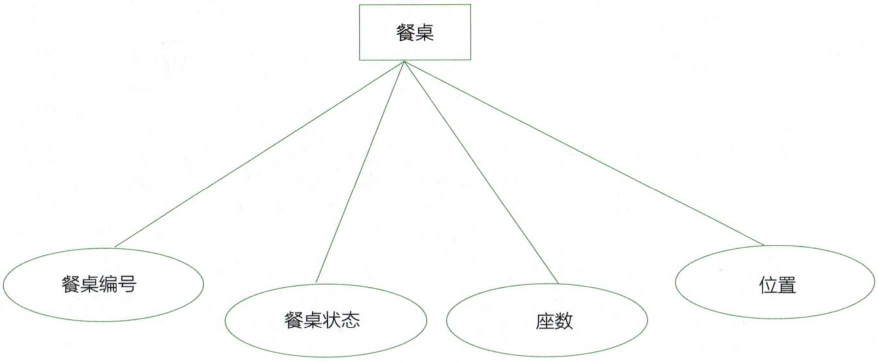

（1）餐桌ER图

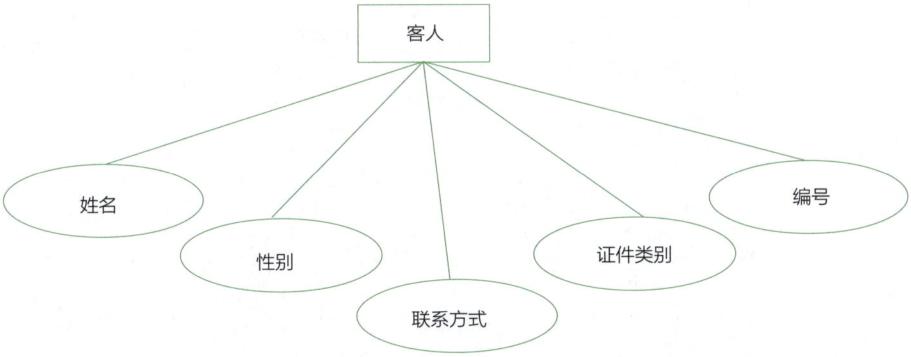

（2）顾客ER图

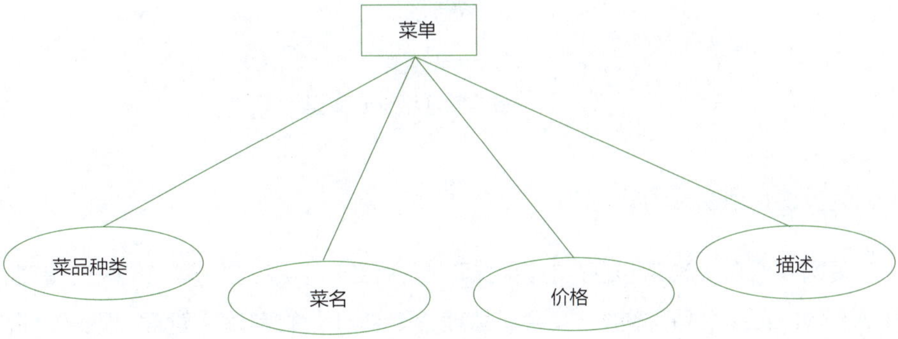

（3）菜谱ER图

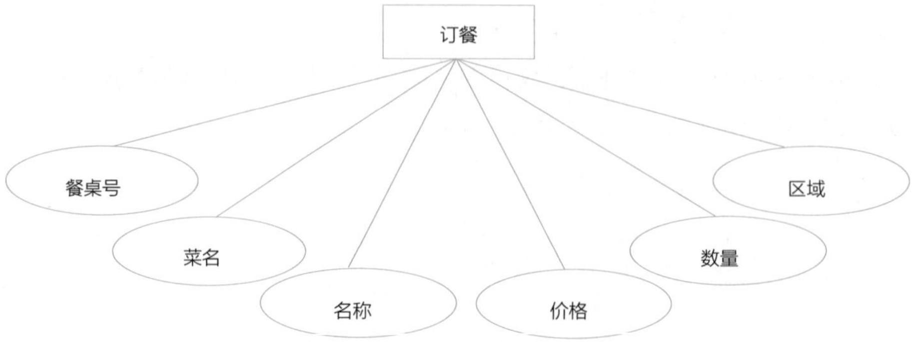

（4）餐饮预订ER图

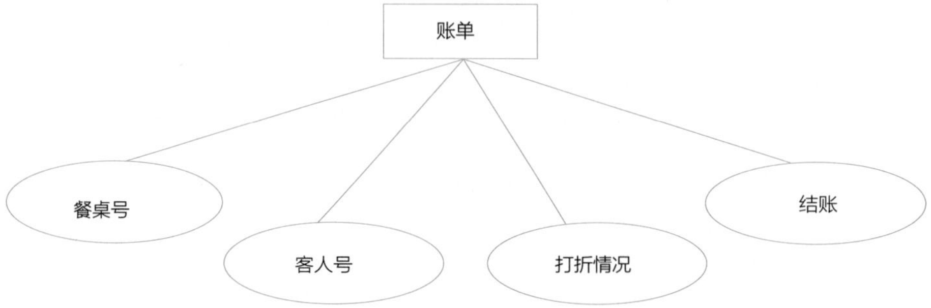

（5）餐饮费ER图

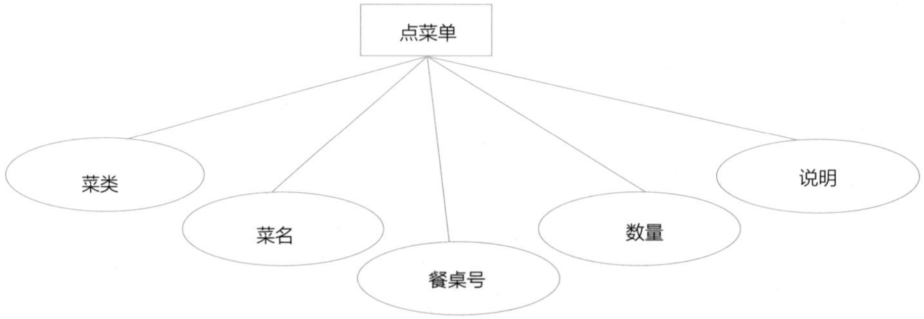

（6）点菜单ER图

图 3-6　餐饮管理系统 ER 图

（三）餐饮管理系统的构成

餐饮管理系统通常包括：前台收银、厨房管理、点菜宝管理、POS 机管理、PDA 管理、后台菜品资料维护、会员管理、采购管理、物料库存管理、报表管理。可以实现从点菜、打印、结账、采购、库存、核算的一条龙管理。

餐饮酒店选择餐饮管理软件应当根据酒店自身的规模和特点选择不同的软件产品，要注意以下几点。

（1）要选择成熟稳定的产品 多家客户特别是连锁酒店连续的使用软件一定是经受了市场的考验，也必将是可靠的。

（2）要选择适应性强的产品 任何好的软件产品都有很强的适应能力。任何特点鲜明的餐饮酒店的基本管理流程是大同小异的。如果软件只针对一家或几个客户开发的，将不能满足大多数酒店的要求。

（3）要选择同一家公司软件产品的关联性、多样组合性 有的酒店由于经营的需要，可能需要多种形式的点菜系统，如果选择多家产品进行组合几乎是不可以实现的，而使用一种产品又不可能完全适合自己的需要。这样就要求软件公司可以提供多样性组合的产品。

（4）要选择产品的拓展性和升级 任何好的产品都需要不断的完善和技术发展。选择软件一定要充分考虑到该产品的拓展性和技术升级。

（四）餐饮管理软件前台操作说明

1. 用户登录

员工通过输入员工编号和密码登录系统，如果密码或者员工编号不正确，则不允许员工登录到系统。只有有此系统账号的员工才可以登录到本系统，并把员工的基本信息录入系统中，以便其他工能模块能获得登录员工的基本信息。

2. 修改密码

员工登录后可以自行修改密码，必须先输入原始密码，再重新输入两次新密码，如果输入不正确，则系统不允许用户修改密码。

3. 人员管理

可以看到所有人员基本信息，包括员工姓名、员工编号、员工性别、员工的职责类别。

员工信息也可以删除。如果新添加员工，则添加员工姓名、员工编号、性别，并设置员工的默认密码。

4. 区域管理

系统给出酒店内的所有列表，列出的信息有区域名称、区域说明。如果不需要某一区域可以通过删除按钮删除该条数据信息。点“添加区域”，则必须输入区域名称以及相应的区域说明。

5. 餐桌管理

系统给出店内所有餐桌信息，列出餐桌编号，以及所在的区域名称、餐桌的使用状态，如果删除餐桌信息，则通过“删除”按钮删除数据，如果添加餐桌信息，则点“添加餐桌”进入添加餐桌信息页面，选择餐桌所在的区域，填写餐桌的编号。添加完保存，系统提示成功。

6. 菜单管理

系统给出酒店所有菜单信息列表，列出菜单的名称，菜单的价格，菜品的规格，如果删除菜品的信息，则通过“删除”按钮删除想要删除的数据，如果添加餐桌信息，则点“添加菜品”，进入添加菜品信息页面，选择菜品所归属的类别，填写菜品的名称、菜品的规格、菜品的价格。填写完保存，系统提示成功，可以通过列表信息查看已经添加的菜品信息。

7. 关于酒店信息

系统给出酒店基本信息，酒店的名称、电话、地址、介绍、网址等酒店的基本信息。如果更改酒店基本信息，更改后保存，系统提示操作成功，数据更改。

8. 业务管理

员工根据区域的选择所要预订或已经上座的餐桌，餐桌分 4 个状态：空闲状态、预订状态、就餐状态、结账状态，一般用图标显示餐桌的状态，比文字描述更直观。

9. 营业额

系统自动列出每一笔交易的金额，并且计算总的营业额。

10. 退出系统

直接返回到登录界面。等待用户登录。

二、餐饮点菜系统

随着信息时代到来，餐厅和酒店最早开始应用的餐饮管理系统是餐饮点菜系统，餐厅和酒店开始使用餐饮点菜软件代替手工管理。在移动互联网时代的推动下，微信与手机 APP 点菜软件也成为餐厅和酒店在移动互联网时代的重要点菜方式。

（一）餐饮点菜系统与传统点菜相比存在的优势

1. 传统点菜模式

客人入座后，服务员将菜谱递给顾客选菜。每人点菜记录平均 1.5 分钟，平均每桌点菜时间 3 ~ 5 分钟。服务员写完点菜单后，向客人核对点菜单。到系统上排队下单，因为餐厅餐桌数量多，集中录入此时需要耗时较多。厨房平均在 5 ~ 10 分钟后收到信息。

由于餐厅顾客在同一时间段下单概率高，厨房同一时段需要准备制作菜品过多。餐厅传统点菜下单至厨房生产制作时间累计平均 10 ~ 15 分钟。

2. 餐饮点菜系统模式

客人入座后，服务员给顾客电子菜谱选菜，每人点菜平均时间需要 1 分钟，智能点菜模式是点菜可以及时把信息传递到厨房，瞬时厨房就知道哪桌有什么需要，等客人点完下个菜时，第一个菜可能已经在制作过程中了。这里点菜时间与生产时间可以以最短的时间衔接。即便由于某些客人原因产生不可以预计的时间影响，但整体菜品制作信息传递的时间依然很短。

（二）餐饮点菜系统组成

餐饮点菜系统主要有软件部分和硬件部分两大块组成。

1. 软件部分主要包括的功能（表 3–8）

表 3-8 软件部分主要包括的功能

输入功能	该系统提供了台位信息、上菜查询、服务员呼叫、客户信息、预订信息、就餐登记、消费登记、结账、挂账付款、期间统计、每日经营情况、当月经营日报、菜单维护、菜单查询等信息表的录入功能，使餐饮工作的一些零散的信息集中到数据库中，保持餐饮工作的连续性
统计功能	统计分为几种情况。比如按期间统计、按每日经营情况统计。你还可以自定义其他统计
报表功能	财务信息、厨房仓储信息、会员管理信息等都有相应的报表
打印功能	报表功能中的所有报表均能打印
信息查询	可以查询每日就餐情况，当月的就餐情况及挂账的情况
安全功能	进入系统后，单击菜单“系统 - 工具 - 用户及权限设置”可以设置系统的用户权限，给不同的用户指定不同的权限
备份功能	系统自带备份功能，可将数据备份在硬盘、软盘或其他可移动磁盘中，并可对备份的数据进行多项操作
数据交换功能	有四种方式可以实现数据的交换：一是“信息交换”功能，可以任意导入、导出信息；二是“信息表交换”，可以导入、导出信息表；三是“转换 Access 数据库”，可以将 Access 数据库 (*.mdb 文件) 转换为基于本平台的信息库 (*.dbi)，该操作产生一个新的 dbi 文件，不会对原 Access 数据库进行任何更改；四是“与 Excel 文件交换数据”，该功能可以将基于本平台的信息库 (*.dbi) 转换为 Excel 文件，也可以将 Excel 文件转换为基于本平台的信息库 (*.dbi)

续表

适应性	可以在各个系统中运行，如 win7、XP，甚至平板电脑的 ipad 和安卓系统中均可顺畅运行
系统初始化	单击“数据处理”下的“数据初使化”，就会把系统中自带的示例记录全部删除，该处理只执行一次。也可单击，表格区中的“-”（删除记录按钮），删除系统自带的示例记录

2. 硬件配置

点菜系统的硬件部分人们现在也称之为电子菜谱或智能点菜机，是基于平板电脑的一种行业应用。

操作系统：安卓 4.0

上网支持：wifi 无线上网 +3G 上网

CPU：RK2918(ARM+DSP+GPU) 1.2GHz ARM A8 with 512KB L2 cache

系统内存：1G 硬盘容量：16G，最大可扩充至 48G

触摸屏：多点触摸电容屏 9.7 寸

电池：8000mAH

3. 餐饮点菜系统优势

提高效率：点菜、提交、下单同步进行，规范管理；及时更新酒店介绍、新菜谱信息，更好提升酒店管理。

数据分析：餐厅营业状况一目了然，并兼容大部分餐饮管理软件。比手工点菜管理方式更方便、简洁、高效。避免了许多出错率。

电子菜谱通过无线传输与整个餐厅的各计算机进行传递数据及信息。实现菜谱 + 无线点菜系统 + 餐饮管理系统的作用。

（1）同一道菜，可根据餐桌的类型，如包房、VIP 包房等增加价格。

（2）安装简单，软件带自动更新功能，方便自动检测菜品更新和软件更新，然后自动进行更新。

（3）支持一次下单，多处打印，且每处可以设置打印模板，打印内容处处不一样，支持后备打印机。

（4）可根据客户要求创建操作语言包（现在有法文、简体中文、英文、繁体中文）。

（5）可远程管理订单，查看就餐、付费、消费情况。

（6）可导出统计 EXCEL 资料：每张桌、每道菜、每天、每周、每月、每个的消费情况，服务员递送的菜量情况。

（7）可拼音或者语音搜索菜品、可呼叫前台服务：加菜、结账、倒茶等。

（8）可开台、并台，移动订单，后台自动生成费用清单。

（9）可对每个菜品增加不同的做法，不同的配料，不同的大小规格，菜品价格跟随做法、配料、大小规格自动进行变动。

（10）支持自助设计皮肤和更远语言及语音包。

（11）可在平板电脑上查看和更新每张桌的就餐情况：人数、已点菜单、已上菜单、未上菜单。

（12）有独立介绍页面，可放餐厅介绍视频，餐厅介绍图片对餐厅酒店进行介绍。

（13）仓库管理、成本自动核算、会员打折管理等。

（14）桌面应用程序锁定功能，开启此功能，平板将只显示点菜界面不可进行其他网页浏览、玩游戏等功能，也可输入密码解除锁定即可使用平板浏览网页等。

（15）待机图片自行播放、翻动，界面灵活、类3D滚动图片、自动播放、屏保模式自动播放图片功能。

任务训练作业

一、调查研讨

关注了解一个微信点菜餐厅的点菜形式，讨论微信点菜系统与计算机点菜系统的差别与优缺点。

二、要求组成学习小组，完成课堂讨论

1．学习小组讨论的规则

在独立思考后，仍有疑惑需要解决，先是一帮一，两人间的讨论，如还有困难，再扩展为4人或5人间的讨论。如遇到较难的问题记录下来，班级讨论。

2．学习小组讨论的形式

（1）自由发言式　学生可以在小组中自由发言，同学们各抒己见。

（2）轮流发言式　小组成员围绕一个中心问题挨个发言，一人不漏。

（3）一帮一讨论式　当部分学生在难题面前尽最大努力也不能解决，而教师又无法加以个别指导的时候就可以采用这种讨论方式。

学习单元四

菜单管理

菜单策划

项目 1

学习目标

- 能够正确叙述餐饮需求调查方法；
- 能够正确叙述了解餐厅运营内容；
- 能够正确叙述甄选菜品的要求；
- 能够叙述产品平衡设计内容；
- 能够概括说明菜单策划内容。

课程内容

一、了解顾客喜好及品质要求是菜单策划的前提

策划菜单就是设计餐饮酒店的产品，顾客爱好及品质要求，是餐饮经营方向与产品设定的基础依据。全面准确了解顾客喜好与品质要求，是策划菜单的基础工作。

（一）了解不同类型的顾客对餐饮产品的喜好和需求状况

（1）层次性　对不同类型的顾客应按满足生理、安全、社交和享受的层次要求，满足其对餐饮食品的需求。

（2）多样性　由于顾客的多样性决定了提供餐饮食品也应多样性。

（3）流行性　因某种餐饮产品的独特、新颖、质量优异、价格适宜而在市场流行，受到顾客欢迎。

（4）便捷性　餐厅与消费者居住地的距离，以及餐厅出品速度都是顾客便捷性体验的内容。

（5）可诱导性　根据餐饮市场发展的趋势和信息，通过广告宣传的诱导，可以将顾客期望的需求变成现实的需求，潜在的需求变成显现的需求。

（二）餐饮需求调查方法

（1）以店内走访、试吃和电话征询的方式，向顾客询问对餐饮食品需求，获得相关信息和资料。

（2）到餐饮现场实际观察了解，或请顾客现场填写征询单等，获得顾客需求的信息。

（3）对公司日常获得的顾客口头和文字反馈信息进行整理、分析，得出需求方面的信息。

（4）搜集竞争对手餐饮食品销售状况及业绩。

（5）通过媒体收集餐饮市场发展情况的顾客需求等相关信息。

（三）餐饮产品主要味型特点

以川菜类味型为例如表 4-1 所示。

表 4-1　川菜类味型主要特点

味型	口味特点
麻辣味	麻辣味型有三种： （1）以花椒油、辣椒油组合而成 （2）以辣椒面、花椒面组配而成 （3）以整个辣椒和整颗花椒组配而成
鱼香味	鱼香味可用来制作各种肉类、豆制品、蔬菜等，它的香味浓郁，咸、甜、酸、辣具备，如鱼香肉丝、鱼香茄子的味型就是鱼香味。鱼香味还可以变化，如用豆豉辣酱、泰国鸡酱等来调制新派鱼香味
家常味	家常味是川菜的主要味型。调料一般由豆瓣或泡红辣椒、盐、酱油调制而成，根据不同风味需要可加白糖或面酱、醋、味精、料酒、豆豉、葱姜蒜苗调味
胡辣味	胡辣味的特点是香辣微麻，回味略甜，热菜回味时带小酸甜味，一般用于热凉菜。胡辣味分为两种： （1）荤菜胡椒味　用动物性原料烹饪而成的胡辣味，如宫保鸡丁是以胡辣荔枝味以及胡辣肉花烹饪而成。对于动物性原料的胡辣味，一定要加入少量的醋和白糖 （2）素菜胡椒味　以植物类烹饪而成的胡椒味。一般不加醋，可加少量白糖
酸辣味	酸辣味的特点是酸香味辣，咸鲜味浓。一般用于凉热菜
姜汁味	姜汁味的特点是姜汁味浓、咸鲜微辣

续表

味型	口味特点
蒜泥味	蒜泥味的特点是蒜香浓郁，咸香微辣，一般用于凉菜
椒盐味	椒盐味的特点是鲜、咸、微麻、生盐炒干水分，出香味
陈皮味	陈皮芳香、麻辣味厚、略有微甜，一般用于冷热菜
芥末味	芥末味是在咸鲜味的基础上，加入了芥末油、芥末膏。芥末味一般在夏季使用较多。其特点是酸醇咸鲜、芥末冲辣、刺眼冲鼻、辛辣鲜香
怪味	怪味具有咸、甜、麻、辣、酸、鲜 、香的特点，注重调和，一般用于凉菜
红油味	红油味的特点是香辣咸鲜回味略甜，一般用于冷菜
椒麻味	椒麻的特点是椒麻鲜香、味咸清鲜。一般用于凉菜
咸鲜味	咸鲜清香
麻酱味	芝麻酱香鲜咸醇正，一般用于凉菜调料
荔枝味	荔枝味是以盐、醋、白糖、葱姜蒜、味精调制而成。特点是咸鲜味浓，回味酸甜。一般用于热菜
糖醋味	糖醋味以糖和醋为基础，糖醋味浓、回味咸鲜，一般用于冷热菜。不同菜肴的糖醋味 （1）冷菜类　冷菜的糖醋味是加白醋、白糖化开，把食物放入糖醋中浸泡四个小时后即可食用 （2）热菜类　一般由葱、姜、蒜、料酒、糖、醋调制而成，需要加热
甜香味	甜香味的调料以白糖、蜂蜜和冰糖为主，不同风味可适量加少许香精，并辅以蜜玫瑰、樱桃仁以及各种蜜饯，注意无论哪种口味，都应以甜而不腻、甜而不浓为标准。一般用于冷热菜
糟香味	糟香是加糟汁形成的香味，糟卤汁是将料酒、加饭酒、桂花酱混合到一起，密封起来，发酵一周，糟香鲜咸回甜，一般用于凉、热菜
咸甜味	咸、甜并重、兼有鲜香，一般用于热菜
贵妃味	相传是唐朝杨贵妃喜欢的一种味道类型，是在咸鲜味的基础上加上葡萄酒。这类味道的菜品有贵妃鸡、贵妃鸡翅、贵妃鸭翅
咸酸味	咸酸味一般以盐、醋、泡红椒结、姜、蒜、尖头葱、味精调制而成。口味咸中带酸，口感较重
茄汁味	茄汁味是在糖醋味的基础上，降低醋味而得的

二、了解运营模式是菜单策划的基础

（一）主题 / 菜系

餐饮经营主题与菜系是菜单设计的基础参考内容，决定着菜单的形象风格定位、与菜单内容。餐厅的菜系构成主要是川、鲁、苏、粤等中国的传统菜系类别，在中小型餐厅里，地方口味与形式为特色的地方菜、本帮菜通常是主要的供应产品。

以主食、小吃及快餐为内容的餐厅，其提供的菜式通常也是按照一种特色风味、多种样式集合类型。

（二）成本预算

菜品的成本率是编制菜单考量的重要内容，产品的成本率高，如果销量有限，会导致餐厅的经营利润目标无法实现。反之，菜品的成本率低，如果烹制技术附加含量有限，会导致顾客消费性价比低，造成不实惠、高消费等印象，直接可能影响到市场占有，最终使餐厅经营困难。

（三）原料供应

菜单提供的菜品应当以保证稳定供应为前提，无论是供应量，还是价格，都不宜有过多变化。有些季节类菜肴也是在一定时期内做到稳定供应，当然，也有因为产地供应来源的变化，导致价格随机变化的情况。如海鲜、蔬菜等因季节时间不同，不同地区及不同的生产方式，会直接影响供应的价格。这类产品在菜单一般只有名称，价格一般以“时价”由餐厅统一临时报价。

（四）设备条件

餐厅菜品的种类受生产设备与条件的直接限制影响，不同的产品对于生产方式和条件的要求差异很大，如灶台类设备可以满足一般产品烹制，但是对于烧烤、蒸制、膨化、炸制等工艺，还需要专业化设备实现安全高效制作。

制作品类丰富需要生产条件的支持，中小餐饮酒店的空间、资金、技术条件有限，菜单列选的菜品一般以同类加工形式为主。

（五）人员

菜品的生产制作与出品服务需要由不同环节的岗位来完成，对岗位人员的技能、数量、配合效率要求不同，有些菜品需要制作人员技艺独特高超，如“满汉全席”菜，要求高级厨艺人员；有的菜品需要多工位人员协同配合，如“北京烤鸭”，需要制坯、凉坯、挂烤、片鸭等多工位人员完成出品；有的菜品需要相关生产与服务人员高效配合完成，如“拔丝山药”，要求厨房与餐厅服务员快速配合完成出品。

餐饮酒店应当从自身人力资源情况与配置标准出发，不能简单追求产品的“高大上”或“潮流”，需在稳定的队伍与技能基础上提供合适的产品。

（六）最大生产量和运营

菜品的制作受加工生产的流程制约，在同一时间段里，同时生产的数量有限，在通常30分钟时间段内可以完成的菜品数量是餐厅运营服务的极限。菜单列入的菜品应当在生产方式上多样并存，这样可以最大化满足顾客需求。

（七）食品安全

凡是国家禁止食材、调配料生产的菜品禁止列入菜单，凡是因时间与条件变化有病变危险的菜品禁止列入菜单。

三、甄选菜品是菜单策划的重点

（一）主菜

菜单中的主菜是指餐厅主要提供的重点产品，设计时应当选择具有营收卖点特色、获利性强、顾客评价预期良好的菜品，主菜是顾客消费账单点餐率最高的产品。

主菜的选择应当考虑制作加工方法，烹饪方法相同的菜品集中，容易造成生产服务的延误，但方法差异过多也容易造成生产设备投入加大的问题。

（二）时蔬

时令蔬菜类菜品是菜单里必不可少的内容，品种以地方长期供应的蔬菜为主，清炒、素烧为主要的烹饪形式。

（三）凉菜

中式餐厅菜单里，凉菜通常是第一部分内容。因为鲜食蔬菜、秘制烧腊、熏酱制品的菜品食用时菜品温度一般较低，所以常会放在凉菜类中。西餐厅的沙拉菜品也具有类似的情况。

选择凉菜类菜品，要注意咸、甜、辣等口味类型搭配及原材料类别荤素搭配。

（四）主食面点

主食面点通常出现在菜单后部分，以米面食材为主的粥、饭、汤面、炒面、饺子、包子、饼等。在以零点为主的餐厅里，主食要控制分量，避免出现主食分量过大导致的菜品点单量下降或是食品浪费。

（五）汤

在餐厅菜单上，提供的汤类菜品种类不多，但却是必不可少的内容。在江南特色餐厅里，通常会以每日例汤形式提供，放在菜单首页。汤品一般以咸香口味为多，甜口、辣口为少。

（六）酒水

通常在菜单最后部分是酒水饮品内容，餐厅的酒类一般都有设计酒单，大部分是无酒精饮料、自制果汁饮料等。除连锁餐厅有明确要求外，其他餐厅的酒水饮料自主根据顾客需求设计。

四、菜单平衡是菜单策划的原则

（一）商业平衡

菜单的商业平衡是指列入菜单内容的餐饮产品的成本、价格、好评度、以及财务和销售因素之间的关系。例如菜单列选 100 个菜品，这些菜品的价格构成是否适应消费者需求，就是典型的商业平衡问题。有些餐厅菜单就是按照价格比率模式组合的，如表 4–2 所示。

表 4–2　菜品的价格比率模式

价格	菜品比率
10 元以下	10%
10 ~ 20 元	15%
20 ~ 30 元	25%

续表

价格	菜品比率
30 ~ 40 元	25%
40 ~ 50 元	15%
50 元以上	10%

（二）美学平衡

色彩是食品吸引消费者的重要组成部分，美学平衡是指在菜单构建过程中要考虑菜品的色彩、口感和味道因素。特别是零点菜单是由顾客自由选择搭配菜点，丰富的视觉与口味是顾客就餐体验美好的需求。

每一道菜肴的食材颜色基本保持在二或三种为宜，避免单色或五种以上颜色菜品出现。有些菜肴的菜盘装饰与菜品本身的平衡同样遵循这个平衡原则。

（三）营养平衡

无论是餐饮酒店，还是消费者，对于菜品食物的营养平衡的关注日益提高。餐饮菜单应当是一个能够提供满足消费者日常营养需求的产品的集合，也就是菜单内的产品，要包含多种营养元素，可以由消费者自由选择搭配出一顿营养全面的菜品。

五、菜单策划的内容

菜单策划是饭店餐饮管理人员根据市场需求集思广益、开发和设计最受顾客欢迎的餐饮产品过程。菜单上体现相关餐饮信息设计，方便顾客购买。菜单菜肴信息：原料、制作方法、风味特点、重量和数量、营养成分、价格。

（一）告知性信息

（1）饭店及餐厅的名称、店徽、标识等。

（2）提供特色风味（菜品饮品的名称规格和价格等）。

（3）营业时间、加收费用、电话号码、订餐热线等。

（4）地址方位（邮编、网址、电子信箱等）。

（二）机构性信息

（1）荣誉性信息　如餐厅历史背景、特色、知名人士对本餐厅的光顾及赞誉、权威性宣传媒体对本餐厅的报道中的妙语选粹等。

（2）信任性信息　如菜名、菜品份额、菜单公布的酒店信条、餐厅经理、厨师长的致辞及签名等。

（3）菜单筹划的内容　包括菜肴种类、菜肴名称、食品原料结构、菜肴工艺、菜肴价格、其他信息。

（三）菜单调整

菜单调整指饭店定期对菜单中的菜肴销售情况进行分析和评估，然后对菜单中的菜品进行调整的过程。

菜单分析时，应先将菜单的菜肴按不同类别进行分类，如开胃菜类、汤类、主菜类（大菜）、甜点类等，然后使用菜肴归类分析方法，对每一种类各菜肴顾客满意程度和菜肴营业收入进行分析。根据营业收入和客人满意度分别将菜肴分为：金牛类菜肴、明星类菜肴、问题类菜肴、瘦狗类菜肴（表4–3）。

表4-3　菜肴调整策略

菜肴类别	菜肴特点	营业收入水平	顾客满意程度	选择策略
明星类菜肴	该菜肴有特色，市场吸引力强，顾客满意程度高，需求量大，并为酒店提供较高的收入，是菜单筹划中最成功的菜肴	高	高	筹划成功的菜肴
金牛类菜肴	这种菜肴特色突出，有一定吸引力。由于价格较低，为酒店带来的收入不高，可用于吸引主要目标顾客，在消费此类菜品时顾客也会顺带消费其他类的菜品	低	高	可调整，吸引目标顾客
问题类菜肴	这种菜肴特色突出，由于价格较高，为酒店带来一定的收入。由于价格高，需求量不高，该菜肴可经过适当调整，吸引高消费顾客	高	低	可调整，吸引高消费顾客

续表

菜肴类别	菜肴特点	营业收入水平	顾客满意程度	选择策略
瘦狗类菜肴	指该菜肴特色不突出，也没有市场吸引力，因此不受顾客欢迎。同时由于价格低，不能为饭店带来收入和利润，可淘汰该菜肴	低	低	被有营销潜力的菜肴替换

任务训练作业

一、讨论分析

调研一份餐厅菜单，以其内容为依据，分析该餐厅的运营条件。就其菜单提供的菜品营养平衡情况做出分析。

二、要求组成学习小组，完成课堂讨论

1. 学习小组讨论的规则

在独立思考后，仍有疑惑需要解决，先是一帮一，两人间的讨论，如还有困难，再扩展为4人或5人间的讨论。如遇到较难的问题记录下来，班级讨论。

2. 学习小组讨论的形式

（1）自由发言式　学生可以在小组中自由发言，同学们各抒己见。

（2）轮流发言式　小组成员围绕一个中心问题挨个发言，一人不漏。

（3）一帮一讨论式　当部分学生在难题面前尽最大努力也不能解决，而教师又无法加以个别指导的时候就可以采用这种讨论方式。

项目 2 菜单定价与形式设计

学习目标

- 能够准确叙述菜单定价影响因素；
- 能够准确叙述菜单定价程序方法；
- 能够准确叙述菜单设计内容要求；
- 能够准确叙述菜单印刷常见问题。

课程内容

一、菜单定价原则与程序

制定价格是菜单与酒单策划的重要环节，价格是对顾客选择饭店或餐厅以及餐厅经营效果的直接影响因素。

（一）影响价格的因素

1. 成本因素

餐饮成本是指生产和销售餐饮所包括的食品成本和经营费用。食品成本指生产餐饮的原材料成本，经营费用包括设备的折旧费、能源费、工作人员的工资及市场营销费用等。

酒水价格 = 成本（酒水采购成本 + 经营费用）+ 税金（营业税 + 所得税）+ 利润

2. 需求因素

经济学意义上的需求指的是有支付能力的需求，因此价格对需求的影响至关重要。餐饮产品价格和需求存在着一定的关系，当餐饮产品价格下降时，会吸引新的需求者加入购买行列，也会刺激原需求者增加购买量；当餐饮价格偏高时，会抑制部分消费者的购买欲望，刺激了餐饮生产量的提高，造成生产过剩。

3. 竞争因素

竞争因素指竞争者的产品价格，由于顾客在选购餐饮时总要与同类产品比质比价。饭店在制定餐饮价格时应当参照竞争者的价格和质量。

（二）餐饮定价原则

1. 价格应反映餐饮产品价值

首先以食品或酒水原料成本为基础，高价格菜肴必须反映高规格的食品原料。其次应反映生产工艺、用餐环境、服务设施及服务质量的水平。

2. 价格应适应消费需求

菜单价格必须突出餐厅级别。菜单的价格除了以成本为导向外，必须考虑目标顾客对价格的接受能力。

3. 价格应保持稳定性

菜单价格应保持一定的稳定性，当食品原料价格上调时，菜单价格可以上调，菜肴价格上调的幅度最好不要超过 10%，应尽力挖掘人力成本和其他经营费用的潜力，减少价格上调的幅度或不上调，保持菜单价格的稳定性。

（三）餐饮定价程序

1. 预测价格需求

饭店在制定菜单价格前，一定要明确定价因素，制定切实可行的菜单价格。餐饮管理人员调查和评估消费者对餐饮价格的需求及理解价格与需求的关系是餐饮经营成功的基础。通常饭店餐饮管理人员使用价格弹性来衡量顾客对餐饮价格变化的敏感程度。然而，价格变化对各种餐饮产品的需求量的影响程度不同。

2. 确定价格目标

价格目标指菜单价格应达到的经营目标。长期以来，饭店的餐饮价格受到餐饮成本和目标市场承受力两个基本条件的限制，因此饭店餐饮价格范围必须限制在两条边界内。

在确定餐饮价格时，成本是饭店定价的最低限，而目标市场价格承受力是饭店定价的最高限。

3. 确定成本与利润

菜肴成本与饭店利润是菜单定价的关键因素，其中成本是基础，利润是目标。菜单销售取决于市场需求，而市场需求又受菜单价格的制约。因此，制定菜单价格时，一定要明确成本与需求，确定成本、利润、价格和需求之间的关系。

4. 评估酒店环境因素

菜单价格不仅取决于市场需求和产品成本，还取决于酒店的外部环境因素，包括商业周期、通货膨胀、经济增长及消费者信心等。

5. 选择定价策略与方法

菜单价格主要受3个方面影响：成本因素、需求因素和竞争因素。因此餐饮定价策略与方法主要有以下3点。

（1）以成本为中心的定价策略。

（2）以需求为中心的定价策略。

（3）以竞争为中心的定价策略。

管理人员在不同的地点和不同的时期应选择不同的定价策略和方法。其中，以成本为中心的定价策略是这三种定价策略的基础和核心。

6. 确定最终价格

通过分析和确定以上五个环节后，管理人员最后要确定菜单的价格并在价格制定后，根据菜单的经营情况对菜单的价格进行评估和调整。

二、定价策略与方法

商业性餐饮酒店菜单与非商业性餐饮设施菜单的定价方式有着根本不同。商业性餐饮酒店定价通常以成本为基础，以预期利润为目标，同时也会考虑同业竞争因素。非商业性餐饮酒店的菜单定价通常只要考虑成本费用因素。定价方法也有着不同的策略。

（一）以成本为中心的定价策略

1. 食品成本率定价法概念

食品成本率定价法也称作系数定价法，是饭店业常用的餐饮定价方法，这种方法简便易行。

2. 食品成本率定价方法步骤

第一步：确定本酒店的餐饮食品成本率

参考本地区行业与同级饭店的价格，考虑区域经济特点和消费需求。如我国经济发达地区的饭店菜肴的食品成本率常为40%至45%，经济欠发达地区的餐饮成本率常为45%至55%。

第二步：菜肴定价公式

餐饮价格 = 食品原料成本 × 餐饮定价系数

食品成本 = 主料成本 + 配料成本 + 调料成本

食品成本率 = 食品成本 / 销售成本

餐饮定价系数计算方法是将菜肴的价格除以本酒店的餐饮标准食品成本率。

计算餐饮价格，将食品原料成本乘以定价系数。

在餐饮定价中，为了利于销售，可对不同种类的菜肴或酒水实行不同的食品成本率标准，高消费餐饮产品的食品成本率可以高些。例如：鱼翅类菜肴食品成本率常是 55% 或更高。汤和甜点及低价餐饮的食品成本率可以低于 40% 或更低。

（二）以需求为中心的定价策略

制定菜单价格时，首先应进行市场调查和市场分析并根据市场对价格的需求制定菜单的价格。常用的以需求为中心的菜单定价策略包括以下几个方面。

1. 需求差异定价法

饭店常以销售对象、销售时间和销售地点等需求差异作为餐饮定价的基本依据。

2. 尾数定价法

制定菜单价格时，以非整数为餐饮价格的尾数定价方法称为尾数定价法。心理学家的研究表明，顾客在购物时，更乐于接受尾数是非整数，并小于 1 个整数的价格。1 个 34.85 元的比萨饼比 1 个价格为 35 美元的比萨饼显得更便宜。

3. 声望定价策略

一些顾客把价格看作是产品的质量标志，高档餐厅或特色风味餐厅为满足顾客的求名心理，常制定较高的菜肴价格，这种定价策略称为声望定价法。但是这种定价策略不适用一般饭店和餐厅，只适于某些高星级饭店。当然，高价格的菜单，其食品原料和调味品经过细心挑选，菜肴制作由受过专业训练的较高级别的厨师担任。

（三）以竞争为中心的定价策略

参考同行业的菜单价格，使用低于市场价格的方法定价称为以价格竞争为中心的定价策略。

1. 薄利多销法

在制定菜单价格时，饭店采用比其他酒店相对低的菜肴价格刺激市场需求，使饭店实现长时期的最大利润化，称为薄利多销方法。

2. 数量折扣法

根据顾客消费数量，给予不同的折扣称为数量折扣策略。

3. 新产品定价策略

新的餐饮产品上市时应保持冷静。其价格制定应考虑多种因素：投资的回报、目标顾客消费需求、菜肴需求的弹性、产品的生命周期和竞争者的价格等。

三、菜单形式设计

菜单形式设计是餐饮管理人员、厨师长和饭店美工部工作人员对菜单形状、大小、风格、页数、字体、色彩、图案及菜单的封底与封面的构思与设计。实际上，菜单设计是菜单的制作过程。菜单设计总体要求：整齐、色彩丰富、洁净无瑕、引人入胜。

（一）文稿设计

通常菜单的文稿内容主要包括标题、餐饮产品内容、补充性销售内容三部分。

1. 标题

标题是指菜单内包括的餐饮产品的分类名称，如“凉菜”“热菜”“主食”“酒水饮料”等，在标题下列出对应品类的产品信息。

标题的拟定是餐厅依据产品内容，结合餐厅经营理念设计的结果。餐厅可以按照供应菜肴产品的烹饪特色、工艺、区域、时令、文化等分类命题，体现出餐厅的经营风格特色。

如：按照菜系分类，标题为“鲁菜”“粤菜”“川菜”“淮扬菜”；按照菜品文化分类，标题为“家常菜”“宫廷菜”“王府菜”“私房菜”；按照制作工艺分类，标题为“烧烤菜”“煲仔菜”“铁板菜”“炭烧菜”；按照区域分类，标题为“西北风味”“东北风味”；按照食材原料分类，标题为“海鲜菜”“野味菜”“有机菜”。

2. 餐饮产品内容

菜单内容中关于产品的描述非常重要，可以为顾客提供全面详实的产品信息，包括菜品名称、口味特点、消费者评价（如顾客好评）、厨师推荐、主要食材原料与辅料的名称和等级、食材分量、价格供应状态等内容，还可以提供菜品所含主要营养素配量信息（如能量、维生素、脂肪、钠、糖、矿物质等）。

餐厅根据自身经营定位，在菜单中提供相关信息。通常高档消费餐厅的菜单内容信息量比较全面详细，小微餐饮店铺的菜单内容只有菜名、价格等简略信息。

3. 补充性销售内容

补充性销售描述是指非餐厅餐饮产品的信息内容，包括经营地址、订餐电话、营业时间、服务形式（如接受预订、提供外卖）等信息内容。也可以包括餐厅酒店产品特点、历史、荣誉、名人故事等关联信息内容。

补充性销售内容信息的使用数量通常受菜单版面容量的制约，餐厅管理者越来越多的补充销售信息采用图片形式体现，文字内容使用量尽可能减少。

4. 文字设计

文字表达内容一定要真实和准确，避免使顾客对菜肴产生误解，避免把菜名张冠李戴。 选择适合的字体，其中包括字体的大小、形状。

英语字母有大写和小写，大写字母庄重，有气势，适用于标题和名称。小写字母容易阅读，适用于菜肴解释。

菜单文字排列密度应适当。菜肴名称字体与菜肴解释字体应有区别。为了加强菜单的易读性，菜单的字体应采用黑色，而纸张应采用浅色。

（二）版式设计

1. 封面与封底设计

菜单的封面和封底是菜单的外观和包装，代表着饭店形象，反映餐厅经营特色、风格和等级，反映不同时代的菜肴特征，体现餐厅名称，常作为餐厅的醒目标志，因此必须要精心设计。

2. 顺序与页面排版

菜单内容顺序通常按照顾客进食顺序习惯排列，如中式餐厅菜单通常按照“凉菜”“特色菜”“肉类”“鱼类”“蔬菜”“点心小吃”“主食”“汤羹”的顺序。而西餐厅菜单会按照“沙拉”“开胃菜”“汤”“主菜”“甜品”“比萨、面包”等顺序排列。小型餐厅的菜单内容顺序会大致根据餐厅提供产品情况，按照产品、主食这样的顺序排列。

菜单页面排版非常重要，视觉审美要求较高的餐厅，对菜单页面排版要注意不可内容过满，应当保留空白空间，可以引导顾客将视线集中到重要内容的空白版面。

3. 纸张选择

菜单的光洁度和质地与菜单的推销功能有着一定的联系，而且菜单纸张的成本占据着菜单总成本的相当比例，因此在菜单设计中，纸张的选择值得考虑。对一次性使用的菜单，应选用成本较低的纸张，只要其光洁度和质地达到菜单标准就可以，不考虑其耐用性。

对于较长时间使用的菜单，如固定菜单、零点菜单等除了考虑它的光洁度和质地外，还要考虑其耐用性，因此应选用经压膜处理的纸张。

4. 形状样式设计

菜单有多种形状，但是日常使用的菜单形状基本是长方形，便于顾客阅读。儿童菜单和节日菜单常有各式各样，以吸引顾客消费。

5. 尺寸设计

菜单有各种尺寸。每日特菜菜单和循环式菜单的尺寸较小，最小的每日特菜菜单的尺寸可以是 9 ~ 12 厘米。零点菜单和固定菜单宽度常是 15 ~ 23 厘米，长度是 30 ~ 32 厘米。

6. 页数设计

页数一般在 1 页至 6 页范围内。宴会菜单、每日特菜菜单、循环式菜单、季节菜单、儿童菜单和某些咖啡厅一次使用的零点菜单通常都是 1 页纸。固定菜单、零点菜单通常是 4 至 6 页纸。

7. 颜色 / 字体设计

颜色可增加菜单的促销作用，使菜单具有吸引力。鲜艳的色彩能反映餐厅的经营特色，而柔和清淡的色彩使菜单显得典雅，呆板和单调的颜色不适应现代人的生活规律。相反，菜单上的颜色超过四种（不包括图片颜色），会造成华而不实的感觉，不利于菜单营销。

（三）封面设计

1. 内容

菜单封面内容通常只有餐厅名称，也可以包括餐厅地址、预订电话、营业时间等信息。

餐厅的商标、补充性销售内容、特别典型图片等也是餐厅菜单选用设计的内容。

2. 用纸与风格

封面用纸多样，可以向顾客传递餐厅的部分信息，一个高档消费餐厅的菜单封面用纸，通常会选用有纹理的高价纸张。普通小微餐厅的菜单或许只用普通印刷纸印制。

菜单封面字迹的印刷，选用烫金、彩色的情况较多，主要是为了凸显餐厅的风格特色。

3. 配色

菜单封面的配色通常使用餐厅主题色调，也有使用对比色的情况。在选色的时候既要考虑色彩视觉效果，也应当考虑菜单印刷成本因素，多色印刷成本随着色种的增加而提高。多色菜单印刷费用高过单色印刷菜单。

（四）菜单设计常见问题

（1）菜单过小，内容编排不够完善。

（2）菜单字体单调，字号太小，排版不理想。

（3）没有或缺少产品描述性说明，不能充分发挥菜单的销售作用。

（4）同等对待每个产品，菜单程式混乱。

（5）食品酒水产品不完整，菜式单位及其对应价格含糊不清。

（6）夹页菜单问题，菜单上菜名缺货，可信赖度低。

（7）餐饮识别系统不统一，菜单形象不能明确而有效反映餐厅主题风格，缺少酒店基本信息。

（8）封底空白，装帧过于简陋单调。

任务训练作业

一、作业任务

请为学校餐厅设计一份菜单方案。

二、要求组成学习小组，完成课堂讨论

1．学习小组讨论的规则

在独立思考后，仍有疑惑需要解决，先是一帮一，两人间的讨论，如还有困难，再扩展为 4 人或 5 人间的讨论。如遇到较难的问题记录下来，班级讨论。

2. 学习小组讨论的形式

（1）自由发言式　学生可以在小组中自由发言，同学们各抒己见。

（2）轮流发言式　小组成员围绕一个中心问题挨个发言，一人不漏。

（3）一帮一讨论式　当部分学生在难题面前尽最大努力也不能解决，而教师又无法加以个别指导的时候就可以采用这种讨论方式。

酒吧酒水单设计与制作

项目3

学习目标

- 能够准确叙述酒单的概念与分类；
- 能够正确叙述酒单制定依据；
- 能够叙述酒单设计步骤；
- 能够概括说明酒单定价原则。

课程内容

一、酒单概念与种类

（一）酒单的概念

酒单是餐厅和酒吧为顾客提供酒水产品和酒水价格的一览表，酒单的产品包括酒和无酒精饮料，酒单上印有酒水的名称、酒水价格和酒水说明，是餐厅和酒吧的酒水说明书和销售工具。

酒单在餐厅和酒吧经营管理中，有以下重要的作用和特点。

（1）为顾客提供服务的依据。

（2）体现餐厅和酒吧的情调、特色、水准。

（3）酒吧的广告宣传品。

（4）酒吧经营分析的工具。

（5）决定酒吧人员的配置。

（6）传播酒吧产品信息的载体。

（二）酒单的分类

随着酒水的需求多样化，各酒吧和餐厅都根据自己的经营特色筹划酒单。

1. 以功能划分的酒单（表 4–4）

表 4-4 以功能划分的酒单

综合性酒单	将各种酒水设计在一个酒单内的酒单。酒水按照开胃酒、葡萄酒、烈性酒和无酒精饮料进行分类
专项酒单	只包括一种酒的酒单，然后再根据酒的级别和产地进行细分。这种酒单主要用于主题酒吧或高级餐厅
鸡尾酒酒单	只包括鸡尾酒的酒单。这种酒单不仅介绍鸡尾酒的名称和价格，还包括鸡尾酒的主要原料和特点，对一些有特色的或新开发的鸡尾酒重点介绍并带有照片。这种酒单用于鸡尾酒酒吧、专业酒吧、传统酒吧和高级餐厅
餐厅酒单	位于餐厅菜单的最后部分的酒单，目的是方便顾客购买酒水
宴会酒单	根据宴会、鸡尾酒会、茶话会等主办方或主题进行设计的酒单
客房酒单	客房内小冷藏箱和酒柜上的酒单，酒单包括饮料、啤酒和小瓶烈性酒的种类和价格，并有说明和解释。顾客饮用时，在酒单上签字和在酒水项目前标明记号

2. 以形式划分的酒单

酒单形式、颜色等都要和酒吧的水准、气氛相适应，所以酒单的形式不拘一格，从样式看有长方形、圆形或类似圆形的心形、椭圆形等样式。酒单的形式主要有桌单、手单及悬挂式酒单三种，如表 4–5 所示。

表 4-5 以形式划分的酒单及其说明

桌单	是指立于桌面的折成三角或立体形的酒单，品种少，图片精美，简明扼要，立意突出，每桌固定一份，客人自由阅览。这种酒单多用于以娱乐为主的酒吧
手单	在经营品种多、大吧台的酒吧最常见，在客人入座后有服务人员递上的酒单。手单印制精美，定活页结合。活页式酒单便于更换。如遇季节性品种、价格调整等撤换活页方便多
悬挂式酒单	指一般在门庭处吊挂或张贴的酒单，彩色线条、花边醒目，具有美化及广告宣传的双重效果

二、酒单制定依据

（一）目标客人需求与消费能力

酒水产品的品种、口感、价格有着很大差异，餐厅与酒吧的环境、规模、类型和等级各有不同。餐厅酒吧必须选择一群或数群具有相似消费特点的客人作为目标市场，在及时、详细地调查了解和深入分析目标市场各种特点和需求的基础上，才能有目的地计划和调整饮品品种、规格水准、价格、调制方式等，从而设计出为客人所乐于接受和享用的酒单内容。

酒吧的接待客群消费特征是制定酒单的基本依据，主要有以下几个方面。

（1）工薪阶层、大众消费。

（2）高消费的客人。

（3）以娱乐为主，吸引寻求发泄、刺激的客人。

（4）以休息为主。

（5）俱乐部会员。

（6）度假旅游者。

（7）车站、码头、机场等地的过往客人。

（8）本地的酒店和个人。

（二）原料的供应能力

酒单提供的饮品、水果拼盘、佐酒小吃等必须保证供应，原料供应不足导致的客人的失望和不满，直接影响到餐厅酒吧的信誉度。所以在设计酒单时就必须充分掌握各种原料的供应情况。

（三）调酒师能力及酒吧设施

酒单的种类和规格取决于酒吧调酒师的技能及设施情况。调酒师技术和设施状况是酒单上列出的产品供应与保障的限制条件。

（四）季节性因素

不同季节，客人对饮品有着不同要求，如冬季客人都偏爱消费热饮，夏季则应以冷饮为主，酒单制作就应考虑酒单品种相应调整变化，如冬季供应热咖啡、热奶、热茶等品种，为客人温酒；夏季供应冰咖啡、冰奶、冰茶、冰果汁等，这样才能符合客人的消费需求，使酒吧有效地销售其产品。

（五）成本与价格因素

在制定酒单时，价格是竞争和市场推销的重要指标。价格太高，客人不易接受，该饮品就缺乏市场；如压低价格，又可能影响毛利而亏损。因此在制定酒单中，必须考虑成本与价格因素。高低成本饮品搭配的酒单才能保证在整体上达到目标毛利率。

（六）销售记录

酒单的制作应当是动态的，随客人的消费需求及酒吧销售情况的变化而改变。定期分析销售记录，将在一定时期内客人很少点要的、或根本不要而又对储存条件要求较高的品种从酒单上删除。

三、酒单的策划

酒单的策划是调酒师、酒吧管理人员及设计人员集思广益、群策群力的结果。在酒水营销中，酒单起着反映酒水特色、衬托餐厅或酒吧气氛并为饭店带来经济效益的重要作用。酒单在酒吧经营和管理中同样起着非常重要的作用，是客人和酒吧经营者之间沟通的桥梁，是酒吧的主要销售工具，是酒吧管理的重要工具。

（一）策划步骤

（1）明确酒吧的经营策略，确认酒吧的经营方针。

（2）明确酒水市场需求，掌握顾客消费习惯及对价格的接受能力。

（3）明确酒水名称、特点、级别、产地、年限、制作工艺、采购途径、成本、售价及合理的利润。

（4）专业化内容排版设计，优良的印刷纸张。

（5）做好销售记录，定时评估，及时更新，不断开发顾客喜爱的酒水，将客人购买率低的酒水品种去掉。

（二）策划内容

酒单的内容主要由酒水种类、名称、数量、价格及介绍五部分组成。

1. 酒水的种类

酒单中的各种酒水通常按照烈性酒、葡萄酒、利口酒、鸡尾酒、无酒精饮料等顺序排列。一般高消费餐厅或酒吧，酒水分类详细，并按照开胃酒、餐酒、烈性酒、鸡尾酒、利口酒和软饮料等分类。详细的分类方法的优点是便于顾客选择，但是品种太多也会影响客人的选择， 酒单中的酒水最多分为 20 类，每类 4 ~ 10 个品种，并尽量使它们数量平衡。

此外酒单筹划，应注意各种酒水的味道、特点、产地、级别、年限及价格的互补性，使酒单上的每一种酒水都具有自己的特色。

2. 酒水的名称

酒水名称是酒单筹划的核心内容，直接影响顾客对酒水的选择，酒水名称一定要真实准确，尤其是鸡尾酒的英语名称及翻译后的中文名称，必须产品与名称相符。酒水名称必须通俗易懂，冷僻、怪异的字画尽量不要用。

鸡尾酒的质量一定要符合其名称的投料标准，名称命名时可按饮品的原材料、配料、饮品、调制出来的形态命名，也可以按饮品的口感、客人猎奇心理冠以幽默夸张的名称。

3. 酒水数量及份额

酒水份额是酒单上不可缺少的内容，是指在价格右侧注明的每份酒水份额的计量单位，如瓶、杯、盎司（OZ）等。通常酒吧里凡是在价格后不注明销售单位的酒水，一般都是以杯为销售单位。许多餐厅和酒吧已经对酒水产品的销售单位进行更详细地说明，如对白兰地酒、威士忌酒等烈性酒注明销售单位为 1 盎司（OZ），对葡萄酒的销售单位注明为杯（Cup）（一般是 2 盎司）、1/4 瓶（Quarter）、半瓶（Half）、整瓶（Bottle）等。

4. 酒水的价格

酒单上应该明确地注明每一种酒水的价格，如果在酒水服务中加收服务费，则必须在酒单上说明。若有价格变动应立即更改酒单，否则，酒单将失去推销工具的功能。酒单中各类品种必须明确标价，使客人做到心中有数，自由选择。

5. 酒水的介绍

酒水介绍是对某些酒水的主要原料、产地、级别、特色和功能等解释和说明，介绍词语要简练和清晰。使顾客可在短时间内完成对酒水的理解和选择，提高销售率和服务效率。为了避免客人对某些酒水产品不熟悉，应在酒水产品名称后加一些文字，对配料、口味、做法及饮用方法等给客人一个明确的描述，可配彩照，以增加真实感。

一些餐厅和酒吧为更有效的推销葡萄酒，专门设计了葡萄酒单。在葡萄酒单上的葡萄酒名称的左边常有数字，这些数字是为了方便顾客购买，避免因葡萄酒名称很难识别和阅读，导致服务差错。

四、酒单设计

（一）酒单尺寸

酒单尺寸的大小要与酒吧销售饮料品种的多少相对应，方便顾客阅读，利于推销。酒单尺寸通常约为 20 厘米 ×12 厘米。

（二）酒单颜色

酒单的色彩设计，需根据成本和经营者所希望产生的效果来决定。颜色种类越多，印刷的成本就越高。单色菜单成本最低，所以不宜用过多的颜色，通常用四色就能得到色谱中所有的颜色。

酒单设计中如使用两色，最简便办法是将类别标题印成彩色，如红色、蓝色、棕色、绿色或金色，具体商品名称用黑色印刷。酒单纸张应使用柔和轻淡的颜色，使酒单不呆板，又显得高雅。

（三）酒单字体与照片

酒单字体设计应选择易于阅读的字体，字体印刷端正，使客人在较暗的光线下容易看清。各类品种一般用中英文对照，以阿拉伯数字排列编号和标明价格。品种的标题字体与其他字体有一所区别，英语标题可采用大写字母，慎用草体字，标题使用三号字，酒的品牌或名称、酒水价格常使用四号字。

酒单封面与里层图案照片均要精美，必须适合于酒吧的经营风格，有利于酒水的推销。

（四）酒单外观与页数

酒单是酒店的标志，反映酒吧或餐厅的经营风格，应与内部装饰和设计相协调。酒单封面通常印有酒吧的名称和标志，酒单外部一般有朴素而典雅的封皮。

酒单常包括 3 页至 6 页纸。

（五）用纸选择

一般酒单印制的纸张要求防水、防污、耐久、美观，通常使用重磅的铜版纸或特种纸。纸张的颜色有纯白、柔和素淡、浓艳重彩之分，使用不同的色纸，也会使酒单增添色彩。

此外，纸张除了可切割成最常见的正方形或长方形外，还可以特别设计成各种特殊的形状，可以用不同的方法折叠成不同形状，使酒单更富有趣味性和艺术性。

五、酒单定价策略

在市场经济的条件下，为使酒吧在竞争中立于不败之地，在制定价格时，要仔细地研究影响定价的多方面因素。

（一）酒单定价原则

1. 价格反映产品价值的原则

酒单价格应反映酒水的价值。酒单中的任何酒水价格都应以成本为中心，高价格酒水必须反映高规格原料成本。如果酒单价格没有紧密联系成本，而是参照声望定价法或心理定价法，使价格虚高，忽视或偏离了酒水成本，酒单会失去应有的营销作用。

酒单价格应突出消费场所类型。层次高的酒吧各项费用高，地理位置好的酒吧比地理位置差的酒吧店租高，所以酒单上饮品价格也可以略高一些。

2. 适应市场供需规律的原则

价格围绕价值运动是一般市场供需规律，价格是在需求和供给之间的相互调节中实现的。酒单设计要考虑市场对价格的接受能力，酒单价格应保持稳定性，不要随意调价，否则该酒单将不被顾客信任。

3. 综合考虑酒吧内外因素原则

酒吧内部因素。包括酒吧经营目标和价格目标、酒吧投资回收期以及预期效益等。在众多的因素中，成本和费用为最根本的因素，酒吧确定产品的价格时首先要确保酒吧能够保本并且能获得一定的利润。酒吧饮品的质量、服务质量、酒吧设施环境和气氛等，也会是影响定价的内部因素。

酒吧外部因素。要考虑地理位置、经济趋势、法律规定、竞争程度及竞争对手定价状况、客人的消费观念等。应当研究酒单产品的竞争形势，分析酒单产品所处的竞争地位，分析竞争对手对本酒吧价格政策的影响。

（二）酒单定价方法

酒水售价是酒水成本与毛利额的总和。

以成本为基础的定价方法是酒吧对酒单定价最常用的方法，酒水售价可通过酒水成本除以标准成本率得到。

销售价格 = 酒水成本 ÷ 成本率

以该法定价需要两个关键数据：一是原料成本，二是饮品成本率，透过成本率马上可算出价格。

任务训练作业

一、计算题

1．某饭店意大利餐厅酒水成本率是 30%，1 瓶 AC 级法国莎白丽白葡萄酒采购价格是 121 元，计算这瓶葡萄酒的售价。

2．某饭店咖啡厅销售瓶装啤酒 4 种，根据它们各自的采购成本，使用平均成本定价法计算每种啤酒的售价。（如下表）

啤酒名称	每瓶啤酒成本 / 元	啤酒标准成本率	售价 / 元
青岛	4．20	40%	
百威	4．60	40%	
蓝带	3．40	40%	
嘉士伯	4．70	40%	

二、调研设计

请到附近商场超市，根据酒水饮品供应情况，设计一份社区饮品店的酒水单。

三、要求组成学习小组，完成课堂讨论

1．学习小组讨论的规则

在独立思考后，仍有疑惑需要解决，先是一帮一，两人间的讨论，如还有困难，再扩展为 4 人或 5 人间的讨论。如遇到较难的问题记录下来，班级讨论。

2．学习小组讨论的形式

（1）自由发言式　学生可以在小组中自由发言，同学们各抒己见。

（2）轮流发言式　小组成员围绕一个中心问题挨个发言，一人不漏。

（3）一帮一讨论式　当部分学生在难题面前尽最大努力也不能解决，而教师又无法加以个别指导的时候就可以采用这种讨论方式。

学习单元五

餐饮生产管理

项目 1 餐饮采购与发货

学习目标

- 能够准确叙述零库存的概念；
- 能够准确叙述订货操作程序；
- 能够准确说明验收管理要求；
- 能够准确叙述库存管理方法；
- 能够准确说明发货管理要求。

课程内容

一、订货管理

（一）订货系统的介绍

正确执行食品、包装、营运物料的订货工作是餐厅正常营运的必备因素。无论货物订得过多或者过少，均会对餐厅造成负面的影响。

1. 订货过多或者过少对餐厅造成的影响

订货过多，不仅会造成不必要的浪费，还可能会因为原料过期或者冷冻库、冷藏库或干货储藏室存货过多，造成资金的积压。另外，也会对货物的先进先出、盘点造成一定的影响。

订货过少，既会增加餐厅的调拨频率，又会增加时间成本、人力成本、行政作业成本。另外，也可能会因调拨过程中的运送状态而导致原料的品质下降或因为断货造成顾客满意度的下降。

2. 零库存的概念

所谓零库存是指物料（包括原材料、半成品和产成品）在采购、生产、销售等一个或几个经营环节中，不以仓库储存的形式存在，而均是处于周转的状态。

不保持库存是一种理想状态。要达到“零库存”可以通过系统订货的方式进行。

系统订货的概念：简单地讲就是利用过去的营业额及千元用量预估出未来的营业额及千元用量，从而计算出订货的需求量和订货量。但是需要注意的是：在订货的过程中要明确订货的主体、具体指明过去的时间、预估未来营业额的方法、接下来的时间、需求量与订货量的计算方式。

（二）订货经理的职责

订货经理应该是部门级管理人员，订货经理的工作职责主要包括以下几个方面。

（1）根据餐厅的营运状况，计划原料的进货、存储数量。

（2）准时完成冷冻、湿、干货订货工作。

（3）适时、准确地完成原料的千元用量计算及订货前的盘点工作。

（4）依照历史记录与趋势预估营业额，并与店经理沟通。

（5）监督与追踪调拨、更改和紧急进货的次数与品项，及时采取改善行动，并做好必要的沟通工作。

（6）监督原料与仓库的管理，如先进先出的执行，检查物品是否能在保质期内用完。

（7）正确填写餐厅订货单。

（8）相关资料与报表的保存和管理。

（9）进货人员的需求及训练。

（10）每月进行订货校准自检。

（三）订货的操作程序

1. 订货方式

餐饮行业普遍采用的订货方式是补齐式订货，其公式是：

需求量－存货量＝订货量

2. 订货的配送方式

一般配送中心会规定餐厅固定的订货时间，并会在固定的时间里为餐厅配送物料。

一对一的配送方式：一次订货只针对一次进货。

一对多的配送方式：一次订货针对多次进货。

3. 订货中日期的相关概念

每一天都有期初时间与期末时间。

订货日：自动归到期初时间。

进货日：自动归到期末时间。

4. 订货七要素（表 5-1）

表 5-1　订货七要素

进货周期	相同物料本次订货的进货日与下次进货日中间所间隔的时间
相隔时间	相同物料订货日与进货日之间的时间。餐厅虽然下订单了，但配送中心在处理订单时，某些物料需要向厂商采购，而采购的物料又需经过半成品的加工，送货前还要进行理货、装车、运输等操作，所以物料不能及时地被送达餐厅，中间会有几天的间隔时间。因此，在考虑订货量时，就必须把这段时间的需求计算在订货量内
解冻量	某些需要解冻的物料被送到餐厅后，不能立刻使用，需要经过相应时间的解冻之后，方可使用。为了不使餐厅断货，则需将进货日和相应解冻时间所需要的解冻量加在本次订货周期内。冷冻货品不需要解冻，解冻量只针对解冻货
安全存量	安全存量是为了避免因营业额及产品销售百分比的波动而造成餐厅断货所设定的预防措施。各餐厅应该按照不同的物料合理地设置不同的安全存量
订货周期的营业额	订货周期的营业额 = 相隔时间的营业额 + 进货周期的营业额 + 安全存量的营业额 + 解冻量的营业额
千元用量	每 1000 元营业额所需使用原料的单品数量（以包装的规格为单位）。千元用量 = 原料的实际使用量 / 包装规格 / 营业净收入 ×1000
存货量	存货量是包含现在存在于餐厅干仓、冷冻库、冷藏库及工作台冰箱内的物料数量。如果上次订货尚未进餐厅的物料（未进货量）安排在本次订货之后，则要减去未进货量

5. 订货的步骤

第一步：预估营业额

预估进货周期及相隔时间内每天的营业额。在预估营业额时要注意的事项如下。

（1）参考前三周的营业额。

（2）参考去年同期是否有相同的趋势形态。

（3）参考上月同期是否有相同的趋势形态。

（4）参考店经理的当月营业额预估。

（5）预估营业额应以千元为单位。

（6）季节改变或天气变化影响营业额的变化。

（7）节假日：考虑假日的天数与假日发生的时间。

（8）单店营销与社区的活动。

（9）新产品的推出及伴随的企划广告。

第二步：计算订货期营业额

只有需要进行解冻的货物才需考虑是否需要给予解冻量的营业额。当完成订货周期的营业额预估时，要与店经理沟通并取得其同意。

第三步：预估千元用量

获取上一周千元用量的两种方法如下。

（1）获取上一周千元用量的平均值。

（2）利用千元用量公式进行计算。

千元用量调整时，需注意在用上述方法时，上一周的千元用量因为活动等变化，不能代表接下来一周的千元用量。因此，需要适当调整。

千元用量的调整：

（1）湿货　因原料保存期限较短，对千元用量的敏感度特别强，故建议每周调整一次。

（2）冷冻、解冻货、干货　因变化及影响性较小，故可以每月调整一次。

注意：如有需要，应按实际情况做必要的调整。解冻货有时也会因为用量较大，变化趋势较大，所以建议每周调整一次。

影响千元用量的因素：

（1）季节　天气温度将会影响冷热饮的产品销售百分比。如：夏季的碳酸饮料、冬季的热咖啡。注意：当餐厅碳酸饮料的用量增加时，除了考虑调整糖浆的千元用量外，还要考虑相关原料的千元用量。如冷饮杯、冷饮盖、二氧化碳钢瓶。

（2）新产品的推出　当新产品推出时，会影响同类产品的销售。

（3）促销活动　当有促销活动时，促销的产品及其组合餐或同类的其他产品都会影响销售。

第四步：计算预估需求量

填入昨日盘存的存货量和未进货量。

（四）订货的管理

按照最新的目录建立订货行政文件夹。保存时间 13 个月，所有保存数据必须与电脑中报表数据保持一致，按照时间先后顺序保存。

餐厅管理者利用表格工具对于物料进行数据化的管理。高层利用表格工具对餐厅所取得的结果进行根源分析。

二、采购管理

（一）成本控制环节（图 5–1）

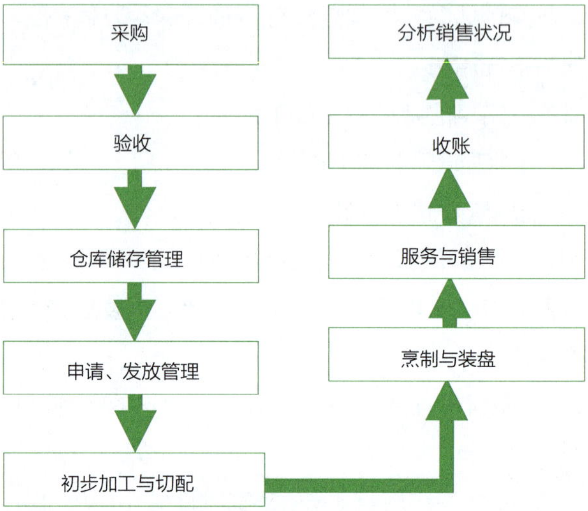

图 5–1 成本控制流程

（二）采购控制

1. 采购的原则

（1）依据菜单采购。

（2）选定好供应商。

（3）确定采购规格。

（4）取得优惠折扣。

（5）确定配料内容。

（6）明确权力责任。

（7）明确价格质量。

2. 有效的采购控制

精确地制定食品和饮品的质量要求：

（1）等级和规格。

（2）包装和品牌。

（3）产地和价格。

3. 采购流程化管理（图5-2）

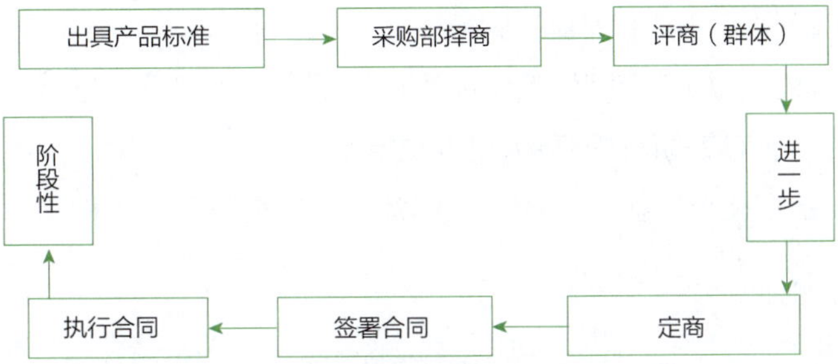

图5-2　采购流程

4. 确定采购数量时需考虑的因素

（1）存货占用过多的资金，会影响资金周转。

（2）食品原料存放时间过长，会引起质量下降。

（3）增加存储成本和存储场地。

（4）增加浪费、丢失、偷窃的机会。

三、验收管理

（一）验收的主要内容

（1）根据采购规格，检验各种食品原料的质量、体积和数量。

（2）核对食品原料的价格与订购价格、发货票上的价格是否一致。

（3）给易变质的食品原料加上标签，注明验收日期。

（4）在验收日报表上正确记录已收到的各种食品原料。

（5）将食品原料送到库房或厨房。

（二）验收的注意事项

（1）原料符合质量要求。

（2）收货数量与定购数量相同（对收到的食品原料进行数量盘点）。

（3）收货数量与付款的数量相同（根据发货票）。

（4）核对发货票中的小计数。

（5）在食品原料上注明到货日期和成本。

（6）使用适当的验收设备，保证设备的完好无损。

（7）营业高峰时间不接受送货。

（8）培训验收人员，掌握正确的验收方法。

（9）迅速地将食品原料送入库房。

（10）拒收不符要求的食品原料。

（11）抽查已加工切配好的食品原料的重量，了解皮重是否已经扣除。

（12）肉、鸡等原料先开箱，再称重量。

（13）检查整个纸板箱中的水果和蔬菜，检查质量是否相同。

（三）验收管理

小型餐饮酒店，采购人和验收人通常是由一个人负责的。随着酒店规模的扩大，采购和验收职责往往会分离开来。采购由专门的采购部负责，验收则由专门的验收员来负责，若无专职验收人员，兼职验收人员最好从仓库、物控人员、财会人员、厨工中挑选，一般情况下，原料验收工作不应该设在采购部。

验收流程（图 5–3）

图 5–3　验收流程

1. 检查进货

根据采购订货单（表 5–2）或订货记录检查进货。应主要核对名称、地址、品种、价格等。

表 5-2　餐厅采购订单（样例）

厨房:　　　　　开单时间:　　　　　要求到货时间:

品名	单位 / 规格	数量	质量要求

续表

品名	单位 / 规格	数量	质量要求
备注:			
申请人:	餐饮部经理 / 行政总厨:		

2. 检查数量质量

根据供货票据和原料验收标准检查货物的数量和质量。如果发现原料重量不足或不符合要求需要退货时，应填写退货单，经送货人签字确认后，将退货单随同票据副页退回供货单位。检查数量和质量是验收环节非常关键的一步，验收人需借助量具完成数量检验，同时，需要借助验收标准查验质量，才能鉴别鱼、肉等鲜活原料的新鲜程度。常见验收方法如表 5–3 所示。

表 5-3　常用验收方法

分类		说明	举例
A	数量验收	通过称量或点数方法依照合同约定的数量予以验收	过秤、清点
B	目视验收	通过目视检测，进行感官鉴别质量	看颜色，摸手感，尝味道，看包装
C	技术验收	使用专门仪器，试验做技术的鉴定	农残测试卡

3. 办理验收手续

所有送货都应有发货票，随货到达的发货票应一式两联，当物品都验收后，送货人将发货票交验收员，验收后盖章签名。

验收员还要填写验收单（表 5–4），表示已经收到这批货物，如果收到货物票据，验收员应填写供货票据收货单。

表 5-4　　餐饮业原料采购验收单（样例）

单位名称：　　采购员：　　验收人：　　仓管员：

采购日期	食品名称	规格	数量	批号	供货（单位）人	生产单位	验货情况	验货人签名

4. 分流物品，妥善处理

原料验收完毕，一部分作为直接原料送进厨房，一部分则需要入库进行保存，要标示好进货日期、名称、重量等。

货物验收后应立即入库，不要在验收处停留太久，防止变质或偷窃行为，尽量减少验收处进出人员，以保证验收工作的顺利进行。

5. 按照要求填写验收日报表或其他记录

填写验收日报表的目的并不在于记录所有验收物品的名称、单位、数量和价格，而在于区分当天验收的所有食品原料有哪些是直接发入厨房，哪些进入仓库，哪些是食品原料以外的其他物品。

四、库存管理

（一）“五常法”管理

“五常法”是一种源于日本、兴于香港的管理标准系统。包括常组织、常整顿、常清洁、常规范、常自律。总体要求如下。

（1）采取专人管理。

（2）规划物品的摆放位置。

（3）遵循“先进先出”原则。

（4）必须制定月度应急产品报告单。

（5）做好物品出入库登记。

（6）所有物品进行入库单报账。

（二）仓库管理标准

（1）按照“五常”标准摆放物品、做到先进先出。

（2）仓库里的食品原料不能靠墙或直接放在地板上。

（3）开箱的食品原料不可与吸收气味的食品原料一起储藏。

（4）提前 30 天预警快过期的食品原料。

（5）做好防鼠、防虫工作。

（6）仓库保持适当的温度：干藏室：21℃；冷藏室：零下 4 ℃；冷冻室：零下 10 ℃。

（7）冷藏食品原料应覆盖好。

（8）在冷冻室储藏的食品原料应存放在密封的容器里，或放在冷冻袋里，或用铝箔纸包好。

（9）原料解冻后，不要再冰冻。

（10）仓库加锁，闲人莫入。

（11）对贵重食品原料采取特殊安全措施。

（12）员工不可带包进入仓库。

（13）严格执行存货记价和控制资料记录程序。

（14）货架上原料存放顺序应和存货记录顺序一致。

（15）妥善保管仓库钥匙。

（16）厨房储藏处在不使用时必须上锁。

（17）由非库房管理人员参加每月存货记价工作。

（三）餐饮原料储存条件（表 5–5）

表 5-5　餐饮原料储存条件

储存条件	温度、湿度范围
常温	最佳保存温度在 20 ~ 25℃，相对湿度 50% ~ 60%，通风干燥
冷藏	冷藏温度应在 0 ~ 10℃
冷冻	冷冻温度应在 -20 ~ -1℃

五、发货管理

（一）厨房原料申领管理

1. 当需要从厨房领取各种食品原料时，须填写领料单
2. 领料单在使用时应注意以下几点

（1）填写领料单时，字迹要公正、清楚，不得随意涂改。

（2）各种内容应填写完整，写明领用品名、数量、领用部门、领用岗位、领用时间、领用人。

（3）领料单一式三联，一联留存，第二联交仓库领料，第三联交财务。

（4）审批签字：厨房各岗位、各部门在填写好领料单后，要经部门经理和厨师长审批签字。贵重的物品要经厨师长和餐饮部经理等人签字。

（二）厨房发料管理

（1）任何原料的发放必须通过规定的手续进行，发料人要坚持原则，做到“五不发货”，即没有领料单不发货；领料单没有经过审批不发货；领料单上有涂改或不清楚的不发货；手续不全的不发货；腐败变质的原料不发货。

（2）原料库房的发货人员必须熟悉本餐厅管理者的签名笔迹，也可将各部门审批人的签名笔迹张贴在墙上，以便核对。发料人必须在领料单上签字，如有发料差错价额迅速查出。

（3）发料应做到及时、提前准备。仓库要安排好厨房各生产单位的领料时间，以免造成领料时间集中、工作量大，忙中出错或耽误厨房的领料。厨房应根据客情和正常供应的情况，将第二天所需的原料开好领料单，提前交给仓库保管人员备出，以便第二天领发速度加快，还可以减少许多差错。

（4）在发放原料时，如遇到仓库缺货时，应在领料单上这种原料的旁边注明“缺货”二字，发料人员不得随意涂改领料单。

（5）根据领料单做好食品原料的发放记录和存货记录，库中的实物与账目一致，仓库账目与成本控制员或成本会计手中的账目一致。

（6）直接进厨房的鲜活原料，库房发料员必须在原料验收完毕后，现场办理入库和领用手续，申领原料的一切手续都不能简化。

（7）“食品原料内部调拨单”记录各分厨房或生产班组之间原料调拨的时间、品名、数量、单出部门，财务、库房各一份，以便统计及成本核算。

任务训练作业

一、调研实践

依据部分餐厅原材料验收标准，对社会餐厅或学生餐厅厨房进货过程观测，对验收食材等质量验收过程发现的问题进行归纳，并制定解决措施。

餐厅原材料验收标准

原料分类	品名	验收标准
蔬菜类	大白菜	新鲜洁白，表面无黑色斑点，里面无烂心、无开花、坏叶不超过 4 片
	白萝卜	表皮光洁，无黑心、无空心，小的不低于250克，大的不超过1.5千克
	尖椒	无异味，尾部新鲜、硬朗、硬而不青，长度不短于 10 厘米
	大头菜	750 克以上，无黄叶、虫叶、结实无烂心
	蒜薹	长而匀称、绿色鲜艳、无暗斑、尾部老硬不能超过 1 寸（1 寸 =3.33 厘米），没有冻伤（中间抽看，防冻烂）
	红萝卜	直径 2 厘米、长度 1 寸（1 寸 =3.33 厘米），大而均匀、色泽鲜艳
	豆角	新鲜、长度 40 厘米左右，长而结实，折断为实心、无虫
	花菜	直径 1 寸（1 寸 =3.33 厘米），洁白而无黑点斑点，箱装则防冻烂
	西蓝花	表面蓓蕾平展，无开花、发黄现象，无异味臭味，外表如有潮表色则证明已变质
	冬瓜	个小、结实，检查表皮无松软感
	生姜	个大、金黄色、无芽、黑色则烂，白色则嫩
	丝瓜	头尾粗细较均匀，皮嫩、有弹力
	西芹	嫩绿色折断无筋，无烂心；进口西芹则棵大、秆长、节稀
	土豆	大而圆滑、无泥土伤疤、无发芽、发绿
	番茄	红而不软，硬而不青

续表

原料分类	品名	验收标准
肉类	带皮肉	猪皮干净无猪毛，猪肉肥瘦均匀，颜色要鲜艳
	精肉	肉质紧密无淋巴瘤，色泽新鲜有弹性、无杂质、无异味
	肉馅	肉色要好，不能有淤血、淋巴瘤
	净猪蹄	新鲜无毛、前蹄带筋、大小均匀
	猪 肝	粉红色、有弹性、肉质紧密、无注水
	牛 肉	肉色泽新鲜有弹性、肉质紧密、无注水
	琵琶腿	单冰无毛、无瘀血、每个 150 克左右
	鸡上腿	单冰无毛、无瘀血、每个 100 克左右
	翅中	单冰无毛、无瘀血、每 500 克 8 个大小均匀
	翅根	单冰无毛、无瘀血、每 500 克 8 个大小均匀
海鲜类	活虾	外表：新鲜的虾头尾完整，有一定的弯曲度、虾身较挺、不新鲜的虾尾容易脱落或易离开，不能保持其原有的弯曲度
		色泽：新鲜的虾皮壳发亮，呈青白色，不新鲜的虾皮壳发暗，原色变为红色或灰紫色
		肉质：新鲜虾肉质坚实、细嫩、不新鲜的虾肉松弛
	冰冻虾	应选择体型完整，外壳透明光亮，体表呈青白色或青绿色，头节与躯体紧连，肉体硬实而有韧性，须足无损，体表无污秽黏附，无异常气味的生虾为好
	虾仁	选购和验收时应注意冻虾仁的外包装是否完整、清洁，好的虾仁应是肉质清洁、完整，呈淡青色或乳白色，坏的虾仁则肉体不整洁、组织松软、色泽变红，具有酸臭味
	鱼类	鲜鱼眼睛凸起，澄清有光泽，不新鲜的鱼眼睛凹陷，色泽浑浊不清，呈微蓝色
		鲜鱼鳃紧闭，鳃片呈鲜红色，无黏液和污物，不新鲜的鱼鳃发暗，呈灰红、灰紫或灰色，有污垢
		新鲜的鳞片整齐，排列紧密，有黏液和光泽，轮层明显；不新鲜的鱼鳞片松弛，没有光泽，轮层不明显，腐败的鱼鳞片不仅松弛，并有大片脱落现象

二、要求组成学习小组，完成课堂讨论

1．学习小组讨论的规则

在独立思考后，仍有疑惑需要解决，先是一帮一，两人间的讨论，如还有困难，再扩展为4人或5人间的讨论。如遇到较难的问题记录下来，班级讨论。

2．学习小组讨论的形式

（1）自由发言式 学生可以在小组中自由发言，同学们各抒己见。

（2）轮流发言式 小组成员围绕一个中心问题挨个发言，一人不漏。

（3）一帮一讨论式 当部分学生在难题面前尽最大努力也不能解决，而教师又无法加以个别指导的时候就可以采用这种讨论方式。

项目 2 餐饮产品加工制作

学习目标

- 能够准确叙述影响菜品的三个决定因素；
- 能够准确叙述加热对食物产生的影响；
- 能够准确叙述食物的烹调方法和调味方法；
- 能够准确叙述原材料烹调的基本原理；
- 能够准确叙述调味料的使用时间和使用量。

课程内容

一、影响烹调的主要因素

（一）热量对食物产生的影响

食物是由蛋白质、脂肪、碳水化合物、水和少量的其他一些物质（如矿物质、盐、维生素、色素等）组成，这些成分在加热或与其他食物混合时会发生一定程度的化学反应，不正确的制作，会直接影响着食物的品质。必须掌握并能预料到若改变烹调方法、温度或配料的比例会使食物发生怎样的变化。

1. 蛋白质受热与混合食物影响

蛋白质是肉、禽、鱼、蛋、奶和奶制品中的主要成分，在豆类、谷物、坚果中也有少量蛋白质。

（1）加热　当蛋白质被加热时就会变硬。温度越高收缩越大，变得越硬并且失掉的水分越多，这就叫凝结。将蛋白质过度加热，会使其硬化、变干。多数蛋白质在 71 ~ 85℃之间即完成凝结或者称为被煮熟。结缔组织是肉中特有的一种蛋白质。结缔组织含量多的肉非常粗糙，但在水中慢慢加热时，有些结缔组织会溶解。使用适当的烹调方法会使老肉变嫩。

（2）柠檬汁、醋和番茄制品混合变化　加速蛋白质凝结，帮助结缔组织溶解。

2. 碳水化合物

淀粉和糖都是碳水化合物，许多食物中都含有这种化合物，如蔬菜、水果、谷物、豆类、坚果等。肉、鱼中也含有少量的碳水化合物。在烹饪时，加热对碳水化合物产生两种重要的变化。

（1）焦糖化　是使糖在加热后变成棕褐色，炒制蔬菜的变色和面包表皮的金黄色是焦糖化的表现。

（2）胶化　是淀粉吸收水分后膨胀而发生的变化，胶化是沙司变稠和制作面包的主要依据。

（3）酸分阻止胶化现象　若面粉或淀粉中含有酸性物质，用它来使沙司变稠，不但不会有效，反而会起反作用，使沙司变稀。

3. 水果与蔬菜纤维

纤维是构成植物的结构，使植物结实的一组复合物质，纤维不能被消化。

（1）烹调加热　水果和蔬菜的纤维会被分解而变软。

（2）加糖　会使纤维更结实，使水果的形态保持的更完好。

（3）加入苏打（或其他碱类）　会使纤维软化，会变成糊状，造成维生素损失。

4. 脂肪

脂肪主要存在于肉、禽、鱼、蛋、奶制品、坚果和谷物中，也有少量蔬菜水果中含有脂肪，脂肪还是烹调的重要介质。一般室温下，脂肪可以是液体或固体。液体脂肪叫油，固体脂肪的熔点各不相同。

脂肪在加热后会分解。当热量足够高时，脂肪就会迅速变质冒烟，能使这一现象发生的温度叫油的沸点，不同的脂肪沸点也不同，沸点高的脂肪是炸制食品的主要原料。

5. 矿物质、维生素、色素和调味料

矿物质和维生素是重要的营养物质，色素和调味料则决定食物的外观、颜色、味道，并决定食物是否诱人、令人开胃。完好的保存这些物质是烹调的重要原则。

选择适当的烹调方法以保持食物中的营养物质和外观是非常重要的。在烹调食物时矿物质及维生素等物质很可能被滤掉或被溶解，长时间的烹煮及其他因素很可能会损坏维生素和色素。

（二）热量的传递

烹制食物必须使热量通过热源（火焰或电加热）传送到食物中去，了解

热量传递的方式和速度，有助于厨师更好地控制烹调过程。

1. 传导

（1）物体间传导　是指热量直接从一个物体传递到另一个与之相接触的物体上。如：从灶眼上传递到放在其上的汤锅上，再从锅传递到锅里面的肉汤，从肉汤传递到汤里的固体食物上。不同的物质传热速度不同，铜、铝的传热速度快，不锈钢传热速度慢，玻璃和陶瓷传热速度更慢，空气的传热速度最慢。

（2）物体内传导　热量从物体的一部分传递到同一物体相邻的部分。如从烤肉的表层传递到内层，从煎盘的盘体到手柄。

2. 对流

当热量由空气、蒸汽或液体（包括热脂肪）的运动被传送时便产生对流。对流有以下两种方式。

（1）自然对流　热的液体蒸汽上升，凉的液体蒸汽下降。任何一种炉具、壶或炸炉都能产生自然对流传播热量。

（2）机械对流　对流烤箱和对流蒸柜里的风扇能加快热量的循环，因此能使热量更快地传递给食物，以加快烹调速度。搅拌也是一种机械对流的方式。

黏稠的液体热量循环速度要比稀薄的液体热量循环速度慢，对流速度也慢。这是黏稠的汤和沙司易焦煳的原因。热量不能迅速地从锅的底部传递到别处，而是停留在锅底，把食物烧焦。搅拌会使热量重新分布，从而避免焦煳（使用传热速度快的材料制成的锅有助于避免焦煳，因为这种锅传热速度快而均匀）。

3. 辐射

辐射是指能量从热源通过微波传递到食物上的加热过程。微波本身并不是热能，但当它接触到被烹调的食物时能变成热能（光波、无线电波和 X 射线不能被用来烹调食物）。烹调中使用的辐射有以下两种。

（1）红外线辐射　炙烧是最常见的用红外线烹调食物的方法。炙烧时，使电器元件或陶瓷元件受热，当温度很高时这些元件就会放射出红外线而煮熟食物。另外还有高强度的红外线炉具能快速煮熟食物。

（2）微波辐射　用微波辐射来烹调食物，主要是指烤箱产生的辐射会穿透食物并在食物中引起水分子的运动，互相摩擦碰撞从而产生热量，煮熟食物。

（三）烹调时间

使食物加热到所需温度，即食物做好的温度，需要一定的时间，有 3 个因素会影响到烹调时间。

（1）烹调温度　它是指烹调食物的烤箱里面的空气温度，或是炸炉里油的温度，或是平烤炉的表面温度或锅里的液体温度。

（2）热量传递的速度　使用不同的烹调方法，热量的传递速度也会不同。如空气传热慢，蒸汽传热快。如把手伸进 100℃的蒸柜里会烫伤手，而把手伸进 260℃的烤箱里却无损，这就是烤土豆比蒸土豆时间长的原因。再如对流烤箱比传统式烤箱加热速度快，因为对流烤箱中的风扇加速了热量的传递。

（3）食物的大小、温度和性质　如小块牛肉比大块牛肉烤得快。一块冻牛排比正常牛排煮的时间更长。鱼比肉熟得快。

由于食物种类的多样化和影响热量传递的因素多种多样，多数食谱上的菜品所需的精确的烹调时间是无法确定的。不同种类的炉具传递热量快慢不同，需要预热的时间不同，一些烤箱说明书上给出的不同大小的肉所需的烹调时间只能作为参考，厨师必须依靠自己的判断力来确定食物是否已经做好。

二、烹调方法

烹调方法分为湿性加热法和干性加热法两种。不同的烹调方法适用于不同的食物。如有些肉的结缔组织含量很高，只有通过湿性加热慢慢烹煮才能使组织分解，由硬变软。而有的肉结缔组织含量很少，很嫩，因此做三成熟、五成熟其味道更佳。在烹调食物选择烹调方法时还要考虑其他一些因素，如味道、外观。

（一）湿性加热法

湿性加热法是指热量通过水、汤或蒸汽传递给食物的方法。

1. 轻煮、炖或煮沸

轻煮、炖或煮沸都是把食物放在水中或放入加调料的汤汁液体中烹调。液体的温度决定了使用方法如表 5–6 所示。

表 5-6　轻煮、炖或煮沸的适用说明

煮沸	在翻滚沸腾的液体中烹调食物，温度为 100℃。煮沸的方法只适用于某些蔬菜和淀粉类食物，而不适用于其他食物。因为这么高的温度会使肉、鱼、蛋中的蛋白质变硬，快速沸腾的液体又会损坏某些鲜嫩食物

续表

炖	在刚刚沸腾的液体中烹调食物，温度一般为 85 ~ 96℃。多数食物都是以炖的方法来烹调的。煮沸的高温和强烈的翻滚会对多数食物造成损害。煮沸一词只在菜单上使用，比如菜单上写的煮沸牛肉，实际做法是炖鲜牛肉
轻煮	在少量的未沸腾的液体中烹调食物，温度一般在 71 ~ 82℃ 轻煮一般用来烹调鱼、蛋（无壳）等鲜嫩食物。这种方法也可以用来烹调其他各种食物，但多数用在食物烹调的最后一步，用以去掉食物中的异味和使食物成型
白灼	将食物在水中快速过一下，也可以用其他方法。如炸薯条就是在油中过一下。在水中白灼有 2 种方法：（1）将食物放在冷水中，然后烧沸，再炖，最后捞起放在冷水中冷却。目的是去掉某些肉骨中的血、盐或不洁物质；（2）把食物放在沸水中煮沸，然后捞出放在冷水中冷却。目的使蔬菜的颜色稳定不变，破坏其中的有害酶或使番茄、桃子等食物的表皮松弛，易于剥落
注意事项	不论是炖或煮沸，烹调前都要先将液体煮沸。因为放入食物时，液体会降低温度。当达到所需温度时再将温度固定在这一范围内 随着海拔高度的升高，水的沸点会降低，如在海拔 1500 米的地方，水在 95℃就会沸腾，因此需要更长的烹调时间

2. 蒸

蒸是指食物直接与蒸汽接触加热而烹调食物。

（1）当烹调量很大时，经常用特制的蒸屉来蒸，里面能放下标准的蒸盘。在沸腾的水上放上架子，也可以蒸食物，但这种方法很麻烦，一般餐饮业中不常用，只偶尔用之（用蒸汽夹层锅烹调不是蒸，因为蒸汽不直接接触食物）。

（2）蒸还可指烹调包紧的食物或在盖着盖的盘中烹调食物，在这种情况下，食物是靠自身产生的蒸汽来蒸的。这种方法用于烹调用锡纸包裹的菜点，用锡纸包裹的烤土豆实际上应该算是蒸。

（3）在正常气压下，蒸煮食物的温度为 100℃，即水的沸点。但蒸汽比沸水传递的热量多，烹调时间短，因此要严格控制烹调时间，以免蒸过头。

（4）由于高压锅是把蒸汽保存在一定的压力之下，因此高压锅的温度往往会超过 100℃。如表 5–7 所示。

表 5-7 压力与蒸汽温度的比例

压力（英磅 / 平方英寸）	蒸汽温度℃
5	106
10	116
15	121

用高压锅烹调的速度非常快，因此要严格控制，严格计时。

（5）蔬菜多用蒸的方法，勿需搅拌，烹调速度快，将营养成分的损失降到最低限度。

3. 文火炖

文火炖是指把食物先上色后，再放在少量液体中盖上盖加热烹调。

（1）文火炖时要先用干性加热法（如煎锅）上色，这样会使食物的外观美观诱人，使食物和汁的味道更香、更美。

（2）文火炖也指在少量液体中用低温烹调某些蔬菜。如莴苣或卷心菜，不必用油或只是微炒上色。

（3）文火炖食物时汤汁不必没过食物。食物的上部是被锅内的蒸汽加热做熟的。如做锅烤时，汤汁只没过食物的三分之一到三分之二，确切加多少汤要根据需食用的汁的多少而定。这种方法做出来的食物味美汁浓。

（4）有些食物，尤其是烹调禽、鱼时不需要加汤，但依然被认为是文火炖，因为这些食物是由其本身及其配料，如蔬菜产生的蒸汽加热而做熟的。

（5）在灶上或烤箱里做文火炖菜。用烤箱做的文火炖菜有 3 点好处：一是加热均匀，热量可以从各个方位传递给食物，而不仅是在底部；二是食物以稳定的低温加热不需要经常检查是否会煳；三是灶上可以留出空间制作其他食物。

（二）干性加热法

干性加热法是指热量传递不需要有湿度，而是通过热空气、热金属、辐射或是热油等传递的方法。

通常干性加热法又分为两类：有油和无油的干性加热法。

1. 焙烤

烤是指在烤箱里用干燥的热空气循环，在食物周围对食物加热的烹调方法。在明火上的钎上烹调食物也算作焙烤。英文中烤肉（roasting）多用来指烤禽肉。而烤面点（baking）用来指烤面包、派、蔬菜、鱼，这个词比烤肉的指示范围更宽。事实上，这两个词在技术处理上几乎没有差别，甚至还经常互换使用（除了用于烤面包和面点时必须用 baking）。

（1）不加盖的烤是烤肉的基本特点。加盖会将蒸汽留在锅内，从而使加工过程由干性加热法变成湿性加热法。如蒸、文火炖。

（2）肉常常放在架子上烤，若带骨头，则将骨头作为支架来烤。放在架子上可以防止汁和油慢慢渗入肉里，也可以使热气在肉的周围循环流通。

（3）在使用传统式烤箱烤肉时，由于温度不够，厨师要时而调换一下食物的位置。

（4）烧烤指的是用燃烧的硬木或硬木炭产生的干热量来烹调食物。换言之，烧烤是用木炭火进行的烤。现在的烧烤有的是在特制的烟熏烤箱里进行的。

（5）熏是指把食物放在位于炉子上方的一密封容器里，利用木片产生的烟来加热的一种烹调方法。多用在烹制小而细的食物，如鱼、嫩肉、家禽肉块和蔬菜等。

2. 炙烧

炙烧是指从食物上方用辐射产生的强热量快速进行烹调的方法。通常用来烹制嫩肉、禽、鱼和部分蔬菜，炙烧方法需要遵守以下规则。

（1）调试温度范围。烹制食物的温度靠开关来调节。

（2）用小一点的热量烹制大块、厚块和需全熟的食物。用大的热量烹制薄块和需三成熟的食物。这样做是为了使食物里外具有相同的成熟度。

（3）炙烧炉要先预热，这样会使食物快速烧好。

（4）可以把食物在油里浸一下，以防粘住或变干。若食物本身脂肪含量高，便不必如此。这样做时一定小心，如炙烧炉上的油脂过多会引起火灾。

（5）食物只需翻一遍，两边都烤好即可。

3. 架烤、平烤、盘煎

（1）架烤　在敞开的架烤炉上进行烹调的方法，这里的热源可以是煤炭、电、煤气。烹调温度靠将食物放在架烤炉上热度不同的地方来控制。同炙烧一样，架烤的肉需要翻，以达到所需的成熟度。

（2）平烤　在平烤炉坚固的表面上烹调，可以加少量的油，以防粘住，也可不加。烹调温度可以调控，比在架烤炉上低得多，一般在 177℃左右。

除肉类外，蛋、薄烤饼等也可在平烤炉上烹制。

（3）盘煎　与平烤相似，只是不用平烤炉而用炒盘或锅来烹制食物。在烹调过程中要将多余的油倒出去，否则就会变成煎了。不需加液体，盘也不必盖，否则就会变成蒸了。

4. 炒

炒是指用少量的油快速烹制食物的办法。炒在法语中的意思是“跳”，指的是小块食物在炒锅中抛扔这一动作，然而像鸡肉、肉片等块稍大的食物在炒时，不必非得抛。放入食物前，锅要预热，食物必须以高温来烹制，否则就会产生汁而变成炖了。锅中不要放入太多食物，这样也会降低温度而变成炖了。炒的肉一般要裹一层面粉以防粘锅，有助于均匀上色。

食物炒好后，要往锅里放一些酒或清汤，摇动锅，以使粘在锅底的残渣溶解。这种液体可以成为沙司的一部分，与炒菜同食。

5. 煎

煎就是以中等温度和油量烹制食物。煎与炒相似，只是油量大些，烹调时间长些。煎多用于烹制大块食物，如肉块、鸡肉块及不需像炒那样的在锅里翻来翻去的菜。由于用煎的方法烹制的食物块较大，需要用比炒食物时温度低的热量。油量根据烹制食物的多少而定，如煎蛋时，只需很少的油，而煎鸡块时要用稍多的油量。多数食物翻一次即可做熟，有些块大的食物需移到烤箱中完成，以防颜色变深。在食品制作量很大时，这种用烤箱来做熟大块食物的方法，可以简化加工制作过程。

6. 炸

炸是指用没过食物的油量进行烹调的方法。炸制食物的质量要素有：最少的吸油量、最少的水分流失、诱人的金黄色、酥脆的外皮、不因油量大而影响味道。

许多食物在炸前先蘸一些面包渣或面糊，这时食物更酥脆，颜色更诱人，味道更鲜美，显然面包渣或面糊的质量也决定了食物的质量。炸制食物的要点如下。

（1）温度适宜，多数食物在 175 ~ 190℃的温度范围内炸制。

（2）不要将炸锅装得过满，炸锅装的过满会大大降低油温。

（3）使用品质优良的油，品质好的油，油的沸点高。

（4）每天都要用新油换掉 15% ~ 20% 的陈油，这样会延长油的使用时间。

（5）倒掉已用过的陈油，陈油会影响炸制食品的质量，易焦煳、变味。

（6）分开炸制，不要将味浓的食物与味淡的食物在同一锅内炸。炸薯条不应和炸鱼在同一锅内炸，不然会串味。

（7）尽可能在食用前炸，不要把食物放在炸槽上方的篮子内。不要将食物在红外线灯下保持，否则食物的潮气会使炸制食物的表皮发潮变软，不脆。

炸过食物的油应注意以下问题，如表 5–8 所示。

表 5–8　炸过食物的油的注意事项

热量	不用时关掉炸炉或温度保持在 95 ~ 120℃
空气	将油封盖好，过滤时尽量使油少接触空气
水	炸制前要将食物中多余的水分滤净，炸槽和炸篮清洗后要彻底控干，保持炸篮干燥，以防油溢溅
盐	不要在油上给食物撒盐
残渣	放入油中之前，将用面包屑或面粉裹好的食物抖一抖，抖掉松的粉，要经常撇掉油上浮着的粉渣，滤掉锅底的残渣

（三）微波炉烹调

微波烹调属于不同于一般的干性加热法和湿性加热法的烹调形式，它需要一种特殊的设备，主要用途是给做好的食物加热，给冷冻的生、熟食物解冻，也可用来初步的烹调。

不同型号的微波炉功率不同，一般为 500 ~ 2000W。功率越高，产生的热量越大，食物加热速度越快，多数微波炉可根据需要来调节能量的大小。

快餐厅的厨房使用微波炉最大的好处：使能同时快速地将许多份不同的食物加热好。像炖一类的食物，若将其放在蒸柜内保存，则可能会炖老而影响食物的品质，而用微波烹调，则可先将其冷冻储存，待食用时，再拿出来用微波炉加热一下即可，不会改变食物品质，这也是多数餐馆备用一台或多台微波炉的原因。

使用微波炉注意事项

（1）在一般标准的微波炉内加热少量食物不会焦煳，大块的烤肉会因其自身产生的热量而焦煳。有些微波炉则特别加上了上色功能。

（2）仔细观察，准确计时。过度烹调是使用微波烹调中常犯的错误，要切记高能烹调少量食物，所需时间极短。

（3）烹调大块食物时要翻转一两次，以保证加热均匀。

（4）加热大块食物时需要一定的时间间隔，以使热量从食物表面传到内部。

（5）若微波炉上设有解冻程序，解冻时，要使用此程序。用此程序解冻，能量低，解冻均匀，避免热量不均，产生生熟不均的现象。若无此程序，请使用开关程序。

（6）有些食物用微波炉烹调时会变干，如肉片、熟肉等，因此用微波炉烹调这些食物时要将其用塑料袋、蜡纸等封好或浸在沙司中。

（7）由于微波炉只对水分子起作用，因此用微波炉给水分含量高的食物加热比给水分低的食物加热速度快。

（8）放在盘子边缘的食物比放在中间的食物加热快，这是因为放在盘子边缘的食物不仅接受来自热源的能量，还接受反射在四壁的射线的辐射。

（9）微波无法穿透金属，铝、锡和其他金属会阻碍热量传播。如用微波炉烘烤用锡纸包的土豆是无法烤熟的。

旧式的微波炉一般不能往炉内放任何金属，以免金属反射回来的射线损伤磁控管，新式的微波炉可以放置金属，如可把食物放在放有锡纸的盘中加热，以防止某些食物被烹调过度，请遵照制造商提供的操作程序操作。

三、调料和调味技术

（一）调料和调味

正确的烹调以主料为本，使用优质上乘的主料，按照程序操作。各式调料、香料的作用只是增添食物的自然味道，而不是反客为主或遮盖住味道。调料和调味的时间控制如表 5–9 所示。

表 5–9　调料和调味时间控制

调料	往液体食物中加调料的最佳时机是在加工烹调程序完毕之后 通常食谱上的最后一大程序都是调味或加调味品，即先品尝一下食物的味道如何，再决定加入哪些调味品来改善其味道，通常焖的时候只需加入少许盐或做沙司时只需加入少许鲜柠檬汁就可以了 通常烹制大块食物时，盐和其他一些调料要在开始时加入，若在最后加入，这些调料只会在食物表层，而无法浸入食物内部，从而影响食物的味道 有时需在烹制食物的过程中加入适当的调料，这就必须根据品尝评判的结果而定 如果食物在制作过程中被浓缩，则不必加入太多的调料

续表

调味	依烹调时间的长短、烹调程序的需要及调味料的本身特点，在烹制食物的开始、中间或结尾加入调味 多数调味需要热量和时间，才能释放出味道并渗透到食物中。磨碎的调味料释放味道快，不需要在开始时加入。烹调时间过长会导致食物味道丧失。多数食物的味道，包括调味料和主料，在加热过程中都会丧失，这就是烹制食物过程中能闻到各种味道的原因

香草一类的调味品可以和食物一同烹制，以使其味道释放出来，但不可烹制时间过长，以免挥发。若烹制食物的时间不长，则可在开始或中间加入这些调味品，若烹制食物时间很长，最好是在中间或接近尾声时加入。

食品安全专家建议食物在烹制好的前 30 分钟加入调味料可以消灭它们所携带的微生物。

（二）常用的调味品

任何一种食物都可以用做调味品，包括肉（如在炒土豆丝中加入的肉丝），由各式调味品调制而成的沙司本身就是一种调味料，用来调制肉、鱼、蔬菜、甜点。常用的调味品包括香草和香料（表 5–10）。

香草是指在温带地区生长的某些植物叶；香料指在热带地区生长的某些植物的花蕾、果实、花、树皮、种子、根等。

表 5-10　常用的调味品

香草系列	罗勒（Basil）、细香葱（Chives）、莳萝（Dill）、牛至（Oregano）、苦牛至（Greek）、薄荷（Common）、法香（Parsley）、香茅（Lemon Grass）、迷迭香（Rosemary）、百里香（Thyme）、龙蒿（Tarragon）
香料系列	盐：最重要的调料，俗称“调料之王”，但是万万不可加入过多的盐，少了可以再放，但多了则无法拿出 胡椒：胡椒有白、黑、绿 3 种，它们实际是同一种植物的果实，只是加工方法不同而已 红辣椒：属于甜椒。只要加入一点点，就会使沙司和汤味道辛辣，但原味不变。若大量加入则会产生味道重、热量大的食物，如墨西哥食物、印度食物 柠檬汁：是重要的调料，用于沙司和汤中 鲜香草：比干香草好得多。不管有多贵，多么难买人们也要用它。现在许多地方不仅用鲜香草做调味品，还用欧芹、香葱和莳萝等

续表

香料系列	元葱、蒜、葱：元葱、蒜、葱和其他元葱类植物以及胡萝卜、芹菜，除面包房外，各式餐馆中使用它们做调味品。尽量不使用干元葱和干葱，因其味淡 芥末：是由芥末粉、醋和其他调料调和而成的，用于给肉、沙司和沙拉酱调味，也可以作为餐桌调味品。在烹调中，欧式（如法式或德式）加工的芥末最好当作餐桌上的调味品，而不作烹饪调料。在一些特色菜中，还会用到一种粒状的芥末 磨碎的柠檬皮：磨碎的柠檬皮和橙皮用于肉、禽、沙司的烹制中，面包房中也有使用。在使用时只用其中芳香油的外表皮部分，白色的筋部分则不用，因其味苦 味素：即味精。在东方食谱中广泛使用。味素并不能改变食物的味道，它只起增味作用，由于它可能会引起胸痛、头痛，有些人不喜欢使用
香草和香料的使用规则	熟悉多种香料的芳香、味道及其对食物产生的作用 将香料放在不透明容器中封好储存于阴凉处，热量、光线、潮气都会损坏香草和香料的品质 不要使用腐烂的香草和香料，买够 6 个月使用的量即可，不可多买。整个的香料比磨碎的香料保存的时间长些，但 6 个月后味道就会丧失 使用新香料代替陈香料时，要多加小心，因为新鲜的香料味道更浓，若按使用陈香料的量加入会过量 使用品质优良的香草和香料，在此处节省会得不偿失 整个香料释放的味道需要的时间比磨碎的香料长，因此要注意烹调时间 用整个的香草和香料给液体做调味时要用布将其包上 在不确定应加入多少量适合时，尽量少加。因为加少量可以再添，加多了则不易去掉已加入的成分 除在有咖喱或辣椒这类的菜外，千万不要放大量的香料，以免反客为主，通常以尝不出其味道为宜。若在奶油菠菜中尝出豆蔻的味道，则说明加入量过大 在凉菜（如沙拉和沙拉酱）中加入香草和香料，需要几个小时的时间才能使其味道释放出来，渗入主料中。尽量在上菜之前品尝一下

任务训练作业

一、调研分析

对学生餐厅日常供应产品进行记录，分析各菜品和主食等采用的烹调加热方法，并从烹调加工营养损失角度，讨论餐厅供应菜肴的烹调方法是否合理与需要改进的意见。

二、要求组成学习小组，完成课堂讨论

1．学习小组讨论的规则

在独立思考后，仍有疑惑需要解决，先是一帮一，两人间的讨论，如还有困难，再扩展为4人或5人间的讨论。如遇到较难的问题记录下来，班级讨论。

2．学习小组讨论的形式

（1）自由发言式　学生可以在小组中自由发言，同学们各抒己见。

（2）轮流发言式　小组成员围绕一个中心问题挨个发言，一人不漏。

（3）一帮一讨论式　当部分学生在难题面前尽最大努力也不能解决，而教师又无法加以个别指导的时候就可以采用这种讨论方式。

餐饮厨房设备

项目3

学习目标

- 能够概括说明烹调设备的种类及使用方法；
- 能够概括说明标准厨房设备的使用意义；
- 能够准确叙述厨房内预防受伤的方法；
- 能够准确叙述厨房设备的安全使用方法。

课程内容

现代厨房中的专业设备种类繁多，除了炉具、炉灶、各式锅、盘、刀具和其他一些手工操作使用的工具外，现在的厨房中还引进了一些现代化的设备，特别是西餐厨房，设备配置普遍较高，如面食机、汉堡模具、裹面包屑机、曲奇器、饮料机等。这些设备的科技含量高，专业化强，大大地减少了后厨的手工操作程序。全面、彻底地了解厨具与设备，对于安全有效地使用制作食品非常重要。

一、厨房设备工具使用要点

（一）厨房加工设备具有危险性

现代化食品烹调加工设备能力非凡，同时也很可能会造成烧伤、砍伤、压伤、切伤等伤害，所以在烹调加工时一定要注意安全生产，严格执行操作规范。

必须在弄懂了设备的操作程序和特点之后再使用，必须要懂得在什么样的情况下设备会发生故障，一旦发现了故障，要立即关掉设备的电源，停止运行，并向有关上级人员报告。

（二）各种设备模具都有其独特性

同类设备工具，不同的制造厂商都会在原有的基础上略作变动。例如所有的对流烤箱基本操作原理都是相同的，但各种类型都有细微的差别，有的可能只是开关位置不同。因此，使用人员要认真研读操作指南，熟悉每一个操作细节和规程。最好有熟练操作经验的人给予培训指导。

（三）设备的重要部分需要清洗使用

多数大型设备都可以拆卸，以便于清洗。定期彻底地对设备进行清洗是设备保养中一个非常重要的环节。

各种设备、工具、模型都会有所不同，操作指南会提供细节信息。如果购买设备时没有附带指南，必须先向熟悉设备情况的人了解清楚，再进行拆卸清洗。

（四）操作过程注意节能使用

厨房操作人员可能在每日工作开始时先打开烹调设备，一开就是一整天。这种做法会造成能源消耗量的增加和费用的增大。现代化的设备预热时间很短，了解设备的预热时间就可以不必过早地打开机器设备，从而减少了能源的消耗。此外还要注意生产的计划性以及合理地使用设备，节省能源。

（五）不可忽视的最完美工具——手

通常，一些专用设备的推广价值主要是能节省劳力，特别是在处理大量原材料时。使用机器设备可以节省劳动力、提高效率。但是，如果处理少量的食品，用手工操作反而更快些，厨师需要掌握熟练的手工操作技巧，是厨房生产的必要保证。比如将 1 千克圆葱切成条，若使用机器操作，得先安装切片部件，然后将圆葱一个个地输送到里面，切完后，再将它拆下来清洗，这一套工作下来所消耗的时间反而更多，而用手工操作则更节省劳力。

二、烹调设备的种类及使用方法

（一）灶具

在厨房中，灶仍是最为重要的烹调设备，尽管它的很多功能已被其他一些设备所取代，如蒸柜、蒸锅和烤箱。

1. 明火灶（表 5-11）

表 5-11 明火灶的优点及缺点

优点	加热速度快，用后容易关掉
缺点	每个燃烧口一次只能使用一只锅，烹调量有限

2. 重型平顶灶

一种用重钢罩住的燃烧口，上面可同时支持许多分量很重的锅。这种厚顶设备预热时间长，但可调节其热量。需要不同热量的锅，可以放在顶上的不同地方。

3. 感应炉灶

一种新型的平顶灶（表 5-12），逐渐在商用厨房里占有一定地位。灶具本身不热，它是通过钢或铁分子进行磁化运动的方式为厨具加热。

表 5-12 感应炉灶

优点	可大大节省能源 只使锅、盆和内装食品变热，厨房则保持凉爽 灶表面不热，也没有明火，不需预热 炉灶可迅速开闭
缺点	只能使用钢、铁制锅，传统的铝或铜制锅不能使用
注意事项	确保打开煤气开关前点火器已点燃。如果点火未着，要关掉煤气，并保持通风一段时间，再点燃 调节好火力，保证最大火力时火苗为蓝色焰身、白色焰尖 若未烹调食物，平顶灶不要保持高温，否则会损坏平顶

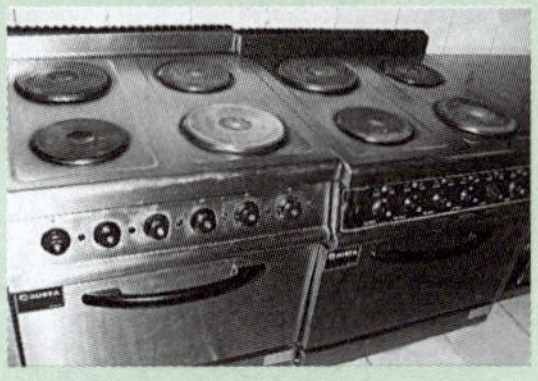

（二）烤箱及炸煮设备

烤箱通常是内嵌式的，通过燃烧、微波、红外线辐射等产生热量，给食物加热。除能烤制食物外，烤箱还具备灶的一些功能。食物可以在烤箱里炖、煮、文火炖，可以节省时间、空间，使厨师有时间去做其他工作。

1. 普通型烤箱

主要通过燃烧产生热量，在封闭式的空间内烹调食物。最常见的烤箱是与灶连在一起的。层架烤箱是由一层层的网架摞在一起组成的，烤盘直接放在烤箱板上，而不是放在金属层架上，每层的温度都可以调节。

注意事项：

（1）烤箱要充分预热，但不要超时以节约能源。

（2）避免能量损失，不要中途停炉，不需要时不要打开烤箱。

（3）注意各层间和食物间要留有空隙，以利于热量流通循环。

（4）打开煤气开关前要看看点火器是否已点燃。

2. 对流式烤箱

此种烤箱内装有风扇以利于烤箱内空气对流和热量传递，因此食物加热速度快，各层间的空隙可更小些。对流式烤箱节省空间和能量。

注意事项：

（1）多数食品的制作温度只需要在 150 ~ 300℃，比普通型烤箱所需温度低，请参见制造商推荐的温度指标。

（2）注意烹调时间。由于这种烤箱加热速度快，若超时，食物很可能干硬，而且烤制食品的收缩性比普通型大。（因为空气对流，导致食物容易风干）

（3）多数对流式烤箱在运行时，不要将鼓风机关掉，否则会烧坏电机。

（4）对流式烤箱的强热量会使一些松软的食品变形。如蛋糕可能会出褶皱。制作这类食品时，请参见制造商推荐的时间和温度指标。

3. 旋转式烤箱

也称为卷式烤箱，在大大的炉膛内有一个转轮型的装置，上面摆放有多层的架子或烤盘，这种装置可以来回转动，避免了炉内热量不均的现象。旋转式烤箱主要用于烤制面包和需大量制作的食物。

4. 慢烤和保温烤箱

普通型烤箱只相当于安装了温度计的加热箱，而现代的烤箱要先进得多，有多种使用功能。比如它有电脑控制系统和特殊的探测器，可以分辨出烤制的食品是否烤好。如果烤好了，可以自动发出指令，把炉内的温度调整到保温温度。

此类烤箱主要用于低温烤制食品。它敏感的控制系统可以使烤箱稳定在95℃或稍低一点的温度进行烤制。烤好后，还可自动调节到 60℃长时间的保存食物。由于大块的肉以低温 5℃烘烤时需要好几个小时，这种烤箱可以预先设定烘烤时间，甚至可以过夜烘烤而无需看管。

5. 多功能式烤箱（图 5–4）

一种比较新型的烤箱，具有 3 种功能：可当作对流式烤箱；可作为工作蒸柜；可同时具备以上两种功能，即把它当作高湿度烤箱可随时往烤箱内加入湿气，以减少原材料收缩和干化。

6. 烧烤烤箱和烟熏烤箱

烧烤烤箱和普通烤箱的区别是：烧烤烤箱会产生烟，围绕在食物周围，增添食物的味道（图 5–5）。

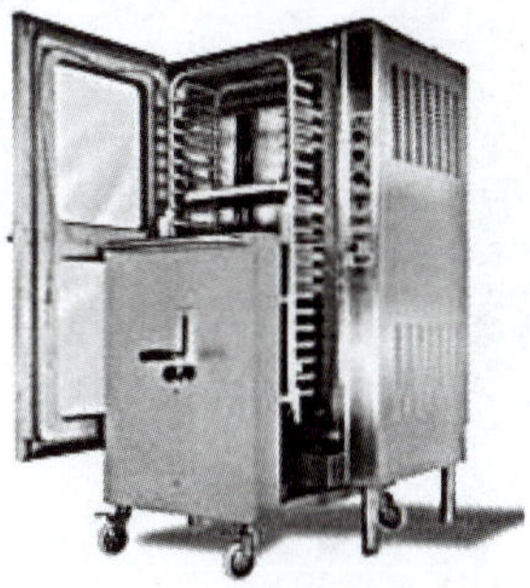

图 5–4 多功能式烤箱

图 5–5 烧烤烤箱

根据制造商的要求，不同型号、不同品牌的烤箱使用不同的木炭、木柴，如有的要求用山核桃木，有的要求用牧豆木，有的要求用果树木柴（苹果树、樱桃树等）。这种烤箱与一般加热器一样简单，都是使热量达到一定高度，既可使木炭产生烟，又不使木柴燃烧起来，产生火焰。

不同类型烤箱，具有不同的特点。有的为无烟烧烤，有的为冷烟循环，有的为储存循环。

7. 红外线烤箱

烤箱内装有石英管或石英板，产生强烈的红外射线，主要用于化解冷冻食品。它能在很短的时间内使大量的食物达到可食用温度，热量均匀，可以调节。

8. 微波炉

炉具中装有特制的电子管，能产生微波辐射，使食物内部产生热量。

9. 墙上明火烤炉

墙上明火烤炉也被称作上火烤炉或炙烧炉，以避免与架烤炉混淆。墙上明火烤炉从食物上方产生热量，食物放在热源的下方，牛排、猪排、鸡肉都用这种方法制作。

重型墙上明火烤炉产热量高，耗电量大。有的大功率墙上明火烤炉甚至可以达到 2000° F（1100℃）的高温。加热时一定要密切注意食物的状况，以防烧焦。加热温度主要靠调节食物托台的高度来控制。

10. 架烤炉

架烤炉（图 5–6）与墙上明火烤炉的功能相似，只是其热源一般来自于装食物的架烤炉的下方。许多人都喜欢烤制食物，因为动物脂肪在架烤炉上产生的油烟会使食物产生一股“焦炭”的芬芳味道。架烤炉也有不同的种类，具体如表 5–13 所示。

图 5-6 架烤炉

表 5-13 架烤炉的种类及使用方法

架烤炉的种类	电架烤炉 煤气架烤炉 木炭架烤炉
使用方法	将架烤炉调节到不同的温度点上 将不同的食物放在所需温度适宜的地方 保持架烤炉的清洁，因高温常常会引起油脂起火

11. 平烤炉

平烤炉（图 5–7）为扁平光滑的加热设备，食物可放在上面直接加热。薄烤饼、法式吐司、汉堡包和许多肉、蛋、土豆类菜肴都用平烤炉来加工。

平烤炉既可单独使用，也可作为灶的一部分来使用。

每次用完平烤炉后都要及时清洗，以使其高效运行。用平烤炉布擦拭其表面，直到发亮为止。抹掉上面的残渣，以免出现划痕。

每次清洗完平烤炉后或使用平烤炉前都要给平烤炉润滑，使其表面光滑，不粘东西，防止生锈。其操作程序是先在平烤炉面放少量的油，均匀涂满表面各部分，加热到200℃，然后擦干净，再重复此程序直到表面光滑，不粘黏为止。

12. 电转烤肉机

电转烤肉机（图5–8）烹调是把食物放在电、气的加热设备前通过慢慢转动食物来完成的。电转烤肉机一般有全封闭式和不封闭式两种。用电转烤肉机烹调一般属于炙烧，因为食物是通过红外线产生的热量被加热的。由于热源来自于旁边或上方，所以油汁不会滴落到火焰中，而是被盘直接接住用来调汁。

图5–7 平烤炉

图5–8 电转烤肉机

电转烤肉机主要适用于烹调鸡、鸭等禽类食物，也可烹调穿在肉钎上的其他肉类食物。小的电转烤肉机一次可装8只鸡左右，大的则可装70只。

13. 炸炉

炸炉只有一种功能即在热油中炸食物。因为油炸食物颇受人们喜爱，这种烹调食物的方法是极为重要的。标准的炸炉一般以电、气为能源加热，内有类似于恒温器的设备，调节温度使其保持在所需的温度。自动炸炉可自动将炸好的食物拿出来。高压炸炉则利用高压在盖着盖的炸盒内炸食物。在油温很低时也可以炸好食物。炸炉的注意事项及清洗步骤如表5–14所示。

表 5-14　炸炉的注意事项及清洗步骤

注意事项	在往炸槽内加固体脂肪的时候，将温度调到 120℃，直至脂肪完全熔化并达到能浸没加热的食品为止 油要没过刻度线 在往空炸槽内加油时，过滤阀要关掉 用温度计定时检查温度
清洗步骤	关闭炸槽阀门 把油过滤到一个干的容器中（或者倒掉） 用滚烫的油冲去炸炉内各种食物残渣 使用柔和型洗涤剂刷洗内部，若炸槽为固定的，将炸炉打开，把洗涤剂烧沸，不要让泡沫溢出，然后用硬刷刷洗 刷洗后用清水冲净 擦干并晾干炸槽、加热器和炸筐 重新装入刚倒出的新油

14. 倾倒式锅

倾倒式锅也叫倾倒式煎盘，它用途广泛，效能高。可以当作平烤炉、煎盘、焖锅、汤锅、蒸锅、汤炉、蒸汽台等。是一种大而浅的平底锅，也可以说是一种带盖的周边高 6 英寸的平烤炉，它有倾倒机制，可使锅内溶液流出。

每次用完后要及时清洗，不能等到食物残渣干在里面，清洗时重新注入水，打开锅加热，彻底冲洗。

15. 蒸汽夹层锅

蒸汽夹层锅也被当作是两旁和底部同时加热的汤锅。这种比喻不完全准确，因为蒸汽夹层锅加热速度更快，比灶上的锅有更多的热量，更容易控制。蒸汽夹层锅的种类及注意事项如表 5-15 所示。

表 5-15　蒸汽夹层锅的种类及注意事项

蒸汽夹层锅的种类	蒸汽锅的容量从小的 2 加仑到大的 100 加仑至超大型的 4000 加仑 倾倒式蒸汽锅可以旋转转轮或拉动杠杆，使内部物质漏空 非倾倒式蒸汽锅则通过底部的龙头和过滤嘴漏空内部食品，热量则通过调节蒸汽流量或恒温器来控制。蒸汽可外部提供也可内部生成

续表

注意事项	操作各种产生蒸汽的设备时，都要小心谨慎以防烫伤 每次用完都要及时清洗，以防食物残渣干在里面，将龙头和过滤嘴拆下来用瓶刷清洗 除了上面介绍的一些烤箱外，还有许多其他种类的烤箱，有的适宜特殊用途，有的适宜大量制作。如传送带上的烤箱，用来把在钢制传送带上的烤箱里烹调的食品运送到其他地方。储存式烤箱可以保温炉内需长时间保温的食物，直到送到餐桌上（包括先烹调然后保温的烤箱）。适合大批量制作的烤箱，其容量大，可以将满载食物烤盘的手推车直接装入炉内烹调

（三）加工设备的介绍与使用

1. 搅拌机

立式搅拌机是面包店和厨房中最重要的工具，用途广泛，可做各种食品的搅拌和加工工作（表5–16）。

表5–16 立式搅拌机的种类、部件及注意事项

种类	地板型搅拌机具备同时处理140升左右的搅拌能力，可以在一台机器上安装不同型号的搅拌桶，多数的搅拌机都有3种速度
部件	搅拌机有3个主要部件，抽子、搅拌桨和面团臂。有的还有其他一些专用部件。搅拌桨是一种扁平的铲子，主要用来搅拌；金属丝抽子用来搅拌奶油、蛋和制作蛋黄酱；而面团臂用来搅拌和揉捏发酵面团
注意事项	开动机器前，要固定好搅拌桶和部件 检查一下搅拌桶型号的大小与部件的大小是否相符 若不符，则会造成重大损害。搅拌桶的型号（夸脱数）标在旁边，部件的型号标在上端 在擦搅拌桶、往里插勺子、刮刀或伸入手之前，要先停机，搅拌机功率特别大，小心造成严重伤害 变速前要先停机

2. 切碎机

切碎机又叫粉碎机，是用来切碎原料的设备。其种类繁多，用途广泛。

切碎机的具体操作方法及注意事项如表 5–17 所示。

表 5–17　切碎机的操作方法及注意事项

操作方法	切碎机的工作方法是旋转桶内的原料使之被快速旋转的刀切下，原料被切割的质量好坏取决于原料在机器中时间的长短	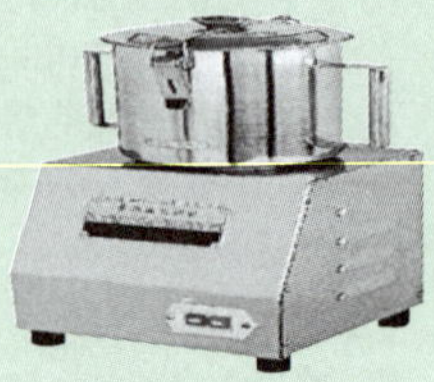
注意事项	使用前确保机器的各部件已安装妥当 开机前，要将盖上的锁锁好 机器转动时，一定不要将手伸进机器里 若切制相同规模的原料，可将原来的一次性放入桶中 刀要锋利，刀钝会捣烂食物	

3. 食物搅拌机和切碎机附件

（1）食物研磨器　主要用来绞碎肉。原料从一个直管中送到一个搅拌齿轮中，搅拌齿轮将原料从许多小孔洞里推挤到一个盘里，在盘中由旋转的刀片切碎。这些小孔洞的大小决定了切碎的程度。在安装食物研磨器时，要确保刀片安装稳定，刀刃朝外。

（2）切碎机附件　由一个漏斗和一个控制杆组成。控制杆主要用来将原料送进一个旋转的盘里切成碎片，并将切好的食物送到容器中。用切片机切时，其厚度可以调节。将原料挤压通过刀刃切碎，可用不同的刀刃切成不同规格的丁。

4. 切片机

切片机是一个非常有价值的工具，用其削的食物厚度比用手工削的更均匀，大小更一致。切片机对于控制用量减少损失很有价值。切片机的操作与注意事项如表 5–18 所示。

表 5–18　切片机的操作与注意事项

实际操作	多数现代切片机的刀片都有一定的倾斜度，这样切下来的片就不容易破碎或打卷。手工操作机器时，操作人员必须前后拉动台架来切削食物。自动化切片机用电动机带动台架来回移动	

续表

注意事项	使用前，确保机器安装稳妥 要用根部力量挤压食物进行切削，可以避免手部受伤，也可使食物受力更均匀，切出来的片更整齐一致 机器停用或进行清洗时，要将调节肉片厚度的按钮定在 0 位上 拆卸和清洗机器时要将电源插头拔下来 利用随机携带的磨石磨刀片，保持刀片锋利

5. 立式切割搅拌机

立式切割搅拌机相当于一个大型速度快的搅拌机。主要用于快速切碎和搅拌大量的食物，还可以用来搅拌液体物质。立式切割搅拌机的种类及注意事项如表 5–19 所示。

表 5-19 立式切割搅拌机的种类及注意事项

种类	VCM 型号很多，大到 80 夸脱，小到 15 夸脱。小型 VCM 有手动的混合挡板，将食物送到刀片下。大型 VCM 有全自动的挡板。主要适用于一些比较特殊的工作，如搅碎做冷盘用的生肉、生鱼	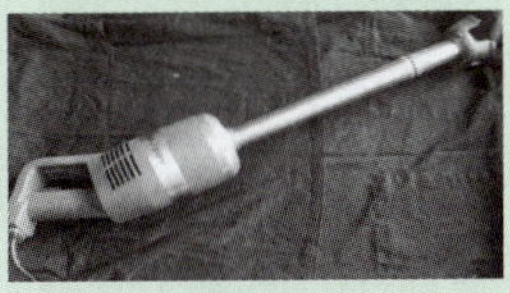
注意事项	严密监控加工时间。使用前确保机器安装稳妥。关掉机器时，要等到刀片完全停止，再打开盖子。保持刀片锋利，钝刀片会捣烂食物	

（四）保存与储藏设备

1. 热食品的保温设备

使热食品保温的设备有多种类型（表 5–20）。这类设备一般使食物保持在 60℃以上，防止细菌生长导致疾病。因食物将来要在这个温度继续烹饪，所以储存时间不宜过长。

表 5-20　各式热食品的保温设备

蒸汽保温台	蒸汽保温台是餐饮业中最常见的保温设备。它使用内嵌式标准型号的平底盖锅盛装食物 要定期检查蒸汽台中的水，避免烧干(也有使用用电不需用蒸汽的蒸汽台)	
汤炉	汤炉是一个大的热水槽，装食物的器皿被放置在浅水池里的架子上，池里的水用电、煤气或蒸汽加热 汤炉多用在食品制作区，蒸汽台多用在服务区	
红外线灯	红外线灯多用在服务区，它使盘中食物保温，也可用来使大块烤制的食物(如火腿)保温在红外线灯的照射下，食物很快就会变干，这一点对于大多数食物来说都是不利的，但对于炸薯条和其他炸制食品来讲却是有利的，这些食品若放在有潮气的地方就会不脆	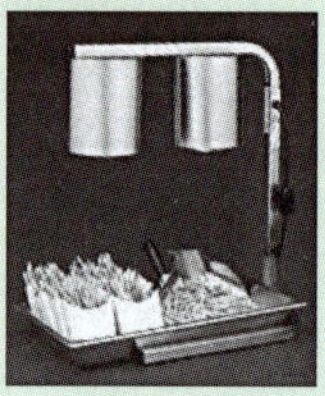

2. 冷食的储存设备

冷藏冷冻设备质量决定着食品质量。冷藏箱能使食品保存在 4℃以下，防止细菌生长、食物受损变质。冰箱则用来长时间保存食物或保存冷冻食品。

要使冰箱和冷藏箱高效运转，必须注意以下几点。

(1)食品之间的摆放要留有空隙，不要靠在冷藏箱的内壁上，以利于空气流通。

(2)关严门。拿进拿出食物时动作要快，拿完后立即关上门。

(3)储存的食品要盖好、包好，避免变干、串味。

(4)保持箱内清洁。

(五)锅、盘及其他容器

1. 金属材料及其导热性能

良好的烹调器皿导热均匀。若导热不均匀，则可能使器皿的某一部位过热，烧糊或烧焦食物。影响器皿导热均匀与否的两个因素如下。

(1)金属材料的厚度　用厚金属制成的锅比用薄金属制成的锅受热更均匀，尤其是底部的厚度最为重要。

（2）金属材料的种类　不同的金属导热性能不同，即传热速度不同。用于制作烹调器具的材料如表 5–21 所示。

表 5-21　烹调器具的材料及特点

材料	特点
铝	铝制器皿是常用的烹调器皿，具有良好的导热性能、重量轻。因这种金属很软，不易经受撞击和过度使用 铝制的器皿不宜储存食物，也不宜长时间的烹调强酸性食物，它会使食物发生化学反应，而且容易使沙司一类的浅色食物变色或褪色，尤其是用蛋抽或勺搅拌过的食物。 用经过阳极化处理的铝制作的平底浅锅表面坚硬、耐腐蚀，这种制品虽不能算是不粘锅，但比未经处理过的铝制品好得多，食物不易粘在锅底。其耐酸性也比一般的铝制品强，不会使浅色食物变色。其缺点是不如一般铝制品耐用，且价格昂贵
铜	铜的导热性能最强，曾一度被广泛用来制作烹调用具。但其价格昂贵，而且重量大，现在多用来展览，供人观赏 铜会与许多食物发生化学反应，产生有毒化合物，所以铜必须与其他金属合成才能用来制造厨具。如与锡或不锈钢合成
不锈钢	不锈钢是一种性能比较差的导热体，用不锈钢器具烹调的食品很容易烧焦。 最适宜储存食品，不易与食物发生化学反应 适宜低温烹煮食物或用做盛放食物的容器。如做蒸盘，则不会出现烧焦问题 可与铜或铝合金做盘和锅的锅底，既有不锈钢的特性，坚硬、耐用，不易与食物发生化学反应，不会改变食物颜色，又具有铝和铜的高效导热性能
铸铁	铸铁制品深受厨师的喜爱，它导热均匀、速度慢，能长时间的保持高温。主要用来制造平底锅 铸铁制品掉在地上容易破裂，且容易生锈，应保持干燥
搪瓷	搪瓷锅不宜使用。许多卫生部门禁止使用搪瓷制品，它们极易被划破，碎裂，为细菌提供了良好的藏身之所，易引起食物中毒
不粘锅	镀漆不粘锅现在非常流行，但需要精心维护，它极易擦伤，出现划痕，不要用金属制勺或铲来刮 由于越来越多的顾客喜欢低脂肪食物，不粘锅越来越受欢迎，厨师不用油或少用油即可烹制食物
玻璃和陶瓷	玻璃和陶瓷制品在餐饮业中很少使用，因为它们极易破碎 导热性差，但具有很强的耐腐蚀性和耐酸性

2. 锅、盘及其用途（表 5-22）

表 5-22　锅、盘及其用途

汤锅	汤锅是一种体积大，两边垂直的深锅，用来做高汤。带龙头的汤锅不用将锅拿起就可以把锅内的水放掉，而保留其中的固体物质。型号为 8 ~ 200 夸脱	
沙司锅	圆形中等深浅的锅，与汤锅类似，只是浅一些，更容易进行搅拌，可用来做汤、沙司和其他液体食物。型号为 6 ~ 60 夸脱（升）	
炖锅	炖锅是圆形宽口两边垂直、重而浅的锅，用来给肉上色和炖肉。型号为 11 ~ 30 夸脱（升）	
沙司平底锅	沙司平底锅与小型浅底轻巧的沙司锅类似，只是没有两边的圆环把手，而是一个长把，两边垂直或倾斜。用在一般的灶上。型号为 1.5 ~ 15 夸脱（升）	
直边炒盘	两边垂直的炒盘与浅底直边的炒盘类似，但稍微重些，用来炒、煎、给菜上色。因其上面宽，体积大，水分蒸发快，可用来制作汤汁或其他液体食物。型号 2.5 ~ 5 英寸深（65 ~ 130 毫米）；直径 6 ~ 16 英寸（160 ~ 400 毫米）	
斜边炒盘	斜边炒盘，也叫煎盘，用来炒或煎肉、鱼、蔬菜、蛋类食物。斜边使厨师不用铲即可抛、翻菜，而且容易盛菜。直径型号为 6 ~ 14 英寸（160 ~ 360 毫米）	
铸铁锅	铸铁锅是底厚体重的煎盘，用来煎制需要热量稳定均匀的食物	
平底盘	平底盘是长方形浅盘（1 英寸或 25 毫米深）用来烤蛋糕、面包和曲奇饼，也可以用于烤肉、鱼。型号为全盘、半盘（各相当于 46 厘米 ×66 厘米和 46 厘米 ×33 厘米）	
双层蒸锅	双层蒸锅分上下两层，下面一层与汤锅相似，装热水。上面一层装食物，用来烹调需低温、不能直接加热的食物。上层型号 4 ~ 36 夸脱（升）	
烤面点盘	烤盘是长方形盘，约 2 英寸深，用来烤制面点，有各种不同的型号	

续表

烤肉盘	烤肉盘是更深、更大、更重的长方形盘，用来烤制肉、禽类食品	
万用盘	万用盘也叫蒸汽台盘、服务盘，它是用不锈钢制的长方形盘，既可用来盛装食品，也可用来烤、蒸食物。标准型号为 12 英寸 ×20 英寸，还有其他一些型号，标准深度为 2.5 英寸（65 毫米），更深的标准为 325 毫米 ×530 毫米	
汤罐	汤罐是圆筒形不锈钢容器。用来储存食物。型号 1 ~ 36 夸脱（升）	
不锈钢碗	不锈钢碗是圆底的用来制作荷兰汁、蛋黄酱、奶油、蛋白的搅拌容器和打泡容器。用圆形容器可以使每个角落都会搅打到。规格型号繁多	

三、厨房工具

（一）厨房测量工具介绍

1. 秤

在许多食谱中，配料以重量为单位计量，因此准确称重是非常重要的。秤分为台秤和天平秤两种（表 5–23）。

表 5-23 秤的种类及用途

台秤	称量配料的最常用工具	
天平秤	主要用于面包房、饼房	

2. 量筒

量筒用来称量液体的体积，顶部的斜边易于倾倒。型号以品脱、夸脱、半加仑和加仑计。每个型号都分成几等份，由桶外突起的几道棱来表示。

3. 量杯

量杯的型号有 1 杯、1/2 杯、1/3 杯和 1/4 杯 4 种（图 5–9）。既可称量液体，也可称量固体。

4. 量勺

量勺用来称量用量极少的物质，分为 1 汤勺、1 茶勺、0.5 茶勺和 0.25 茶勺 4 种型号（图 5 –10），多用来称量各式调料、调味品。

图 5–9　量杯

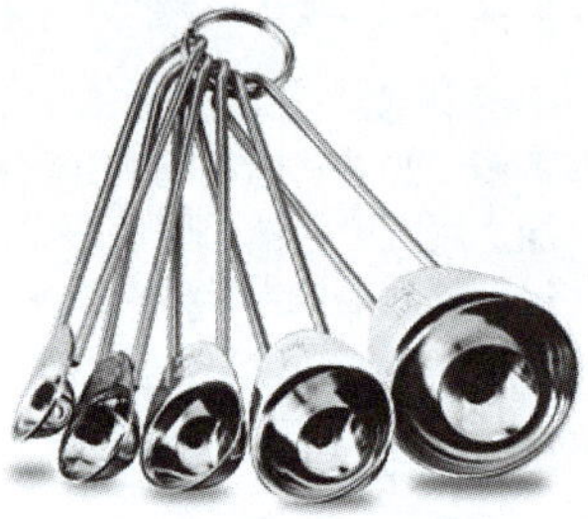

图 5–10　量勺

5. 长柄勺

长柄勺用来称量液体，以盎司为计量单位，刻度标在勺把上。

6. 温度计

测量温度的温度计有以下几种不同种类（表 5–24）。

表 5–24　不同种类的温度计

肉用温度计	肉用温度计用来测量肉的内部温度，在烹调前插入肉中，烹调时留在里面	
速读温度计	速读温度计，插在烹制食物中几秒内就可显示出温度，许多厨师把它插在衣袋里，需要时立即拿出来用。在烤肉时，不要将它留在肉中，否则它就会受到损害	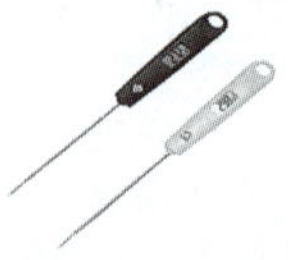
油脂温度计和糖浆温度计	用来测量炸油和糖浆的温度	
特制温度计	特制的温度计，用来测量烤箱、冷藏箱等个别冰箱的准确温度	

（二）厨房刀具

1. 刀具材料

制作刀片的金属材料非常重要，它决定了刀刃的锋利程度和耐用性。

（1）碳素钢　碳素钢是传统的制刀材料，用其制作的刀具刀刃异常锋利，缺点是容易腐蚀、上锈和变色，尤其是切酸性食物和洋葱。它还可使某些食物如全熟的鸡蛋变色，且使食物留有锈味。

（2）不锈钢　不锈钢刀具不易生锈且不易受腐蚀，但也不易磨锋利。

（3）含碳量高的不锈钢　含碳量高的不锈钢是一种新型的合金材料，综合了碳素钢和不锈钢的优点，刀刃锋利、不生锈、耐腐蚀、不变色。用这种材料做成的刀具很受欢迎，但价格昂贵。

2. 刀柄

柄脚是插入刀柄内部的金属片，优质耐用的刀具都有柄脚，柄脚的长度与刀柄的长度相同。

3. 刀具及其用途（表5–25）

表5-25　不同刀具的用途

法刀或厨刀	法刀是厨房中最常用的刀具，用来切块、片、丁等。靠近刀柄部位宽，渐渐变窄，前端是尖形的。刀片长10英寸（260毫米），最适宜日常使用，稍大的适宜于切片、块，小的适宜于做细加工	
万用刀或沙拉刀	一种窄窄的尖刀，长6～8英寸（160～200毫米）。多用于做冷菜，切蔬菜、水果等，还可用来片鸡或鸭	
水果刀	短小的尖刀，长2～4英寸（50～100毫米），用来削切水果或蔬菜	
剔骨刀	剔骨刀是尖尖的薄片刀，长约6英寸（160毫米），用来剔骨。坚硬的刀片适用于大量的加工，而柔韧的刀片则适用于少量的加工或切片	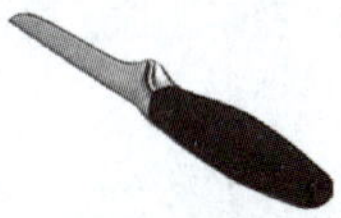
切片刀	切片刀有细长的刀片，用来切煮熟的肉片	
锯齿刀	锯齿刀与切片刀相似，刀刃为锯齿形。用来切面包、蛋糕等食物	
屠刀	屠刀宽重，刀片微翘。肉店用来切、分和修整鲜肉	

续表

砍刀	刀片宽重，用来砍骨头	
牡蛎刀	刀片短小坚硬，刀钝，用来打开牡蛎壳	
削皮刀	刀片呈条状，短小工具，用来给蔬菜水果削皮	
磨刀棒	磨刀棒不是刀，但却是刀具中不可缺少的一部分，用来磨刀，保持刀刃锋利	
砧板	砧板是刀具不可缺少的伙伴，许多厨师喜欢硬木砧板。有人认为硬橡胶和塑料砧板更为卫生。资料证明细菌在砧板上存活时间会很长。所以一定要注意保持清洁 （注：美国有些地区卫生健康条例中规定禁止使用木砧板）	

（三）手工工具和小型设备的介绍（表 5–26）

表 5-26 手工工具和小型设备

挖球勺	挖球勺刀片为小杯子状，呈半球型，用来把水果和蔬菜挖成小球形	
厨叉	厨叉是长柄、两齿的叉子，分量重，用来拣起和翻转肉或其他食物，其做工一定要坚实，能叉起重物	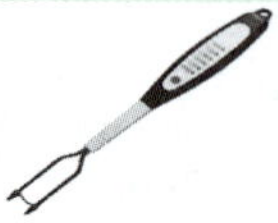
直铲	刀片长、柔韧、圆头，主要用来往蛋糕上抹奶油	
三明治抹子	三明治抹子是短小秃头的铲子，用来往三明治上抹馅	
弯铲	宽刀片，主要用来翻转或铲起架烤炉、煎锅、烤盘等中的鸡蛋、薄烤饼、肉等	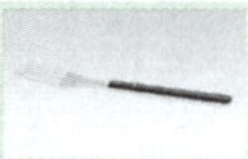
塑料扁铲	长柄宽头，柔韧的橡胶和塑料扁铲。用来刮碗或锅中的残渣，也可用来搅鸡蛋和奶油	
派铲	派铲是楔形弯曲的铲，用来将派从锅中铲出来	

续表

车轮刀	车轮刀是带柄、刀片可旋转的圆形刀具，主要用来切面团和烤熟的比萨	
夹子	夹子是弹性剪刀形工具，用来拣取和处理食物	
蛇嘴勺	大号不锈钢勺，容量 3 盎司，用来搅拌和使用。漏勺用来从液体中捞起固体食物	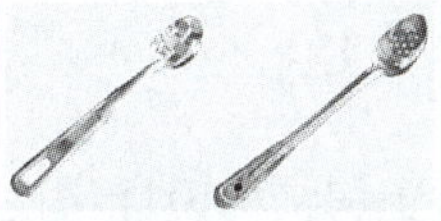
中国帽子式滤网	锥形的滤网，用来过滤汤、沙司和其他液体。尖尖的底部使厨师能从较小的开口处把液体滤净	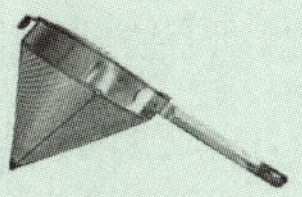
细滤网	筛孔更细的一种滤网，用来制作清亮光滑的液体食物	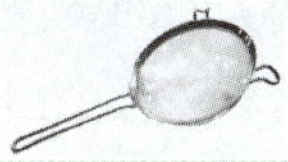
筛网	由网眼状或筛孔状金属片制成的杯形圆底过滤工具，用来过滤面食、蔬菜等	
筛子	筛子底部为网状筛子，周边为圆形金属框架筛孔更细的一种滤网，用来制作清亮光滑的液体食物。用来晒面粉和其他干配料	
笊篱	笊篱是不锈钢或铝制的过滤碗，用来过滤洗好的或做好的蔬菜、面条和其他食物	
食物研磨器	食物研磨器是由手柄转动带动刀片旋转挤压食物通过过滤网盘，其中的网盘可以更换，其漏眼粗细不同，可以将食物磨成粗细不同的泥状	
四面刨	四面刨是一个带有不同型号、有四个面的擦菜金属盒，用来磨碎蔬菜、奶酪和其他食物	
雕刻刀	雕刻刀主要用来做装饰性工作	
装饰袋和花嘴	装饰袋有锥形布袋和塑料袋，底部开口，可以安装上各种不同形状、不同大小的花嘴。用来装搅好的奶油、土豆泥、软面团等以给食物装饰定形	
甜品刷	甜品刷用来往食物表面刷蛋液或上色	
罐头起子	大型厨房一般将罐头起子固定在工作台边缘。每天必须仔细清洗、消毒以防污染，要及时更换破旧的刀片，以防金属屑落入食物中	

四、酒店厨房安全

厨房中存在着许多危险因素，常见有刀伤、烧伤、烫伤等伤害。由于厨房中有许多高温加热设备和大功率加工设备，在工作繁忙紧张的状况下，操作人员必须严格地执行各项安全操作规范，才能确保工作安全。

（一）工作环境的安全要求

厨房结构设计和设备有安全的使用特性要求，具体要求如下。

（1）厨房的结构、设备、电器等有良好的维修条件。

（2）工作台和过道要有充足的照明。

（3）地面要使用防滑材料。

（4）紧急出口处要有鲜明的标记。

（5）设备要安装必要的安全设施。

（6）烹调设备器具，尤其是炸炉上方要安装经高温净化的灭火器。

（7）灭火器、灭火毯、急救箱等紧急设备应放在容易取放的地方。将紧急救援电话号码贴在明显的地方。

（8）合理安排人员流动路线，避免互相碰撞。

（二）厨具设备的安全使用要求

（1）不要使用您不会使用的设备。

（2）要注意设备上的一切安全设施。切片机不使用时要停止，关上刀片。

（3）当设备运行时不要用手、勺或铲子接触设备上的食物。

（4）在拆卸或清洗电器设备前，要拔掉电源插头。

（5）接通电源前要检查设备开关是否关闭，未关的，关上后再插电源。

（6）手湿或站在水中时，不要接触或操作任何电动设备。

（7）安全着装。围裙的带子要系好，以免被卷到机器中。

（8）专用设备专项使用，不要挪作他用。

（9）锅或其他器皿应安稳地摆放在架子上，以免掉落。

（三）防止刀伤与玻璃伤注意事项

（1）保持刀具锋利。一把锋利的刀比钝的刀更安全，因为在使用时，不需要用太大的力气，而且切东西时不容易打滑。

（2）在砧板上加工原料。砧板不要直接放在金属台面上。为防止打滑，可以把一条湿毛巾垫在砧板底下。

（3）使用刀具或切割设备时应集中精力。

（4）切割时不要将刀刃冲着自己或他人。

（5）刀具只准用来切割，不要作其他用途，如起瓶盖等。

（6）不要用手去抓正在掉落的刀具，要后退，任其下落。

（7）不要将刀具放在水槽、水中或其他不易看到的地方。

（8）清洗刀具时要小心，不要将刀刃冲着自己。

（9）刀具使用完毕后将刀具放在安全的地方，如架子上。

（10）手持刀具应小心。持刀时刀要放在体侧，刀刃向下，不要冲着自己的身体，胳膊不要甩来甩去。如有可能，把刀放在刀套内携带。手里拿着刀走近别人时，要预先发出警告，提醒他人注意。

（11）在食品制作区内不要摆放玻璃盘、玻璃杯等易碎物品。

（12）破碎的玻璃盘、玻璃杯单独放置，不要把它们与其他的垃圾混在一起。

（13）若水槽中有破碎的玻璃片，要用水冲掉，不要用手去拣。

（14）丢掉破碎的盘、杯。

（15）不要把易碎的物品放在洗涤槽内。

（16）如果洗涤槽内有玻璃片，在取出前要将洗涤槽内的水放出。

（17）打开纸箱、木板箱包装后，将所有的钉子、订书钉都拔掉。

（四）防止烧伤、烫伤注意事项

（1）告诉自己锅盖永远是热的，不要空手去抓。

（2）接触热的锅盖时要先垫上一条干毛巾，湿毛巾会产生水蒸气，把手烫伤。

（3）锅把不要冲着走廊过道，以免他人碰到上面，也不要冲着煤气灶燃烧的火焰。

（4）锅内食物不要装得过满，以免沸腾时食物溅到锅外。

（5）当搬运装有热食品的容器时要找人帮忙。

（6）打开热锅盖时，要离远些，以免被蒸汽喷到。

（7）开高压锅时要小心。

（8）点火前要确保煤气畅通。

（9）穿长袖、胸部加厚的衣服，以防热食或热油喷溅到身上。要穿皮革结实不露脚趾的鞋。

（10）把食物放进油锅之前要控干水分，以免热油溅到身上。

（11）把食物往热油里放时，要远离它们，以免被热油喷溅。

（12）将水等液体远离炸炉。

（13）如果水落到炸炉里，就会产生大量的热气，并会将热油溅到附近的人身上。

（14）当您端着热锅走近别人，或走到正在加工热食品的人身后时，要提前发出警告。

（15）提醒服务员盘子烫手。

（五）防止火灾

（1）熟悉灭火器的放置地点及灭火器的正确使用方法。

（2）正确使用灭火器。火灾有 3 种情况，每种火情使用不同的灭火器，因此要在灭火器上标明适用于扑救何种火灾。注意：千万不要用水或适用于 A 类火灾的灭火器扑救 B 类油火或 C 类电火。这只能使火势更猛（表 5–27）。

表 5-27 各类火灾引起的原因

A 类火灾	由木头、纸、布等一般性的易燃物品引起的
B 类火灾	由易燃液体引起的，如油脂、汽油、食油等
C 类火灾	由电源开关、电机、电源引起的

（3）在炉灶旁边准备一些盐或面碱，以备急用，扑灭火焰。

（4）衣帽和其他设备应避免溅上或沾上油脂。

（5）不要把热油放在炉灶上就离开，使其处于无人看管的状态。

（6）要在指定的场所吸烟，烟头要及时熄灭。

（7）发生火灾时，如有时间，把所有的煤气开关、电源开关都关掉。

（8）把着火房间的门关闭。

（9）紧急出口要保持畅通无阻。

（六）防止跌伤注意事项

（1）溅出来的水、油、食物要及时清理干净。

（2）拿来拖布之前，将滑的地面撒上盐可以防滑。

（3）走廊和楼梯要清理干净，不要有任何障碍物。

（4）搬运体积过大的物体时不要挡住视线。

（5）无论何时都保持步行，不要跑来跑去。

（6）在清洗高的设备或登高时要用梯子，不要把椅子、纸壳箱摞在一起。

（七）防止搬运时拉伤和损伤

（1）搬起重物时，要双腿用力，而不要腰部用力。搬运姿势要正确，单膝跪地，双臂用力。

（2）搬运重物时，腰部不要随便扭转，要注意脚下踩稳、站稳。

（3）往远距离的地方搬运重物时，要用车辆，或找别人帮忙搬运。

任务训练作业

一、调研题目

调研酒店用品供应商店，建立一份厨房分类厨具用品清单（包括名称、规格、价格、图片、功用）。

二、要求组成学习小组，完成课堂讨论

1．学习小组讨论的规则

在独立思考后，仍有疑惑需要解决，先是一帮一，两人间的讨论，如还有困难，再扩展为 4 人或 5 人间的讨论。如遇到较难的问题记录下来，班级讨论。

2．学习小组讨论的形式

（1）自由发言式　学生可以在小组中自由发言，同学们各抒己见。

（2）轮流发言式　小组成员围绕一个中心问题挨个发言，一人不漏。

（3）一帮一讨论式　当部分学生在难题面前尽最大努力也不能解决，而教师又无法加以个别指导的时候就可以采用这种讨论方式。

学习单元六

餐饮综合管理

餐饮财务基础

项目1

学习目标

- 能够准确叙述预算管理的作用；
- 能够准确说明解释餐饮营业损益表的内容；
- 能够使用比率分析方法分析酒店经营情况；
- 能够正确叙述餐饮财务管理制度内容。

课程内容

一、经营预算管理

预算是经营单位（酒店或部门）对于未来一定时期内收入和支出的计划。预算是对经营行为计划的量化，这种量化有助于管理者协调、贯彻计划，是一种重要的管理工具。

餐饮经营预算是指餐厅营业项目日常发生的各项活动的预算。它主要包括营业销售预算、成本预算、人工预算、费用预算、推销及管理费用预算等。由于营业销售预测是计划的基础，它是营业收入预测的详细说明。因而营业销售预算是经营预算中最基本和最关键的预算控制的基础。

（一）预算管理的作用

1. 营利计划

预算是收入与支出计划，预算管理将酒店与市场连接起来，在市场经济环境下，酒店预算通常就是利润预算，利润预算是以货币形式综合反映预算期内酒店经营活动成果的利润计划性。营利作为酒店管理的主线，使酒店与市场更加明确、紧密地联系在一起。不能营利的酒店在市场经济环境中没有生存可能，预算本身即是酒店营利计划。

2. 控制工具

利润预算管理法是通过市场调查、预测和同行业先进水平、本酒店最好水平的比较，从而对酒店将来一定期间所获得的利润做出科学预算。在此基础上，将利润预算目标层层分解，进而延伸到营业、生产、成本等资金收支方面，并对各营业接待、加工生产、辅助管理等工作领域进行控制，通过分析实际与预算之间的差异，明确各经营管理负责人的业绩，就形成了酒店全面经营管理控制体系。因此，预算是酒店管理的重要控制工具。

（二）餐饮预算的编制

餐饮预算编制包括收入预算、成本预算、费用预算等部分，是餐饮经营管理单位根据市场情况，基于酒店自身经营资源条件，以年度为时间计划单位，制订的餐饮经营利润预算计划。餐饮预算的编制有着基本预算公式，由经营管理负责人组织测算并编制。

1. 营业收入预算

餐饮营业收入预算应结合就餐人数、人均消费额和各种促销手段综合来考虑。由于各时段就餐人数和消费不同，所以应就餐该时段进行编制，然后再汇总。计算公式如下。

（1）食品收入 = 人数 × 食品人均消费额

（2）饮品收入 = 食品收入 × 饮品占食品的百分比

（3）营业收入 = 食品收入 + 饮品收入 =（食品人均 + 饮品人均）× 人数 = 店人均消费 × 人数

也有的酒店是根据不同营业餐厅的接待收入情况进行汇总的。计算公式如下。

（1）营业收入 = 餐厅座位数 × 座位周转率 × 人均消费额 × 预算期营业天数

（2）宴会厅收入 = 宴会厅数量 × 预算期天数 × 宴会厅利用率 × 平均就餐人数 × 人均就餐标准

（3）零点收入 = 零点就餐位 × 预算期天数 × 平均就餐人数 × 人均消费额

2. 营业成本预算

营业成本又叫直接成本，是指餐饮成品中具体的材料费，包括食物成本和饮料成本，是餐饮业务中最主要的支出。它是随接待数量及客人的消费水平的不同而变化的，通过毛利率来预算成本支出额，计算公式如下。

食品成本率 = 食品成本 / 食品销售收入 = 1− 食品毛利率

饮品成本率 = 饮品成本 / 饮品销售收入 = 1− 饮品毛利率

综合成本率 =（食品成本 + 饮品成本）/ 营业总收入 = 1– 综合毛利率

其中不同餐厅和地点销售的饮料毛利率是不同的，所以应分别计算，然后汇总。

3. 餐饮营业费用预算

餐饮营业费用是指经营过程中所引发的其他费用，如人事费用和一些固定费用（又称为经常费）。人事费用包括了员工的薪资、奖金、食宿、培训和福利等；经常费则是包括租金、水电费、设备装潢折旧、利息、税金、保险和其他杂费等。要和餐饮成本一起编制弹性预算。

二、餐饮营业损益表

餐饮营业损益表如表 6–1 所示。

表 6–1　　餐饮营业损益表（样例）

项目		月发生额	项目说明
收入	1. 营业总收入		菜品食物、酒水饮品等餐厅营业收入总和
	减：折扣及免单		餐费折扣、免付金额
	代金券		回收的抵顶消费券金额
	其他优惠		奖励消费、会员优惠等消费金额
	经营实收小计	–	营业总收入－上面三项
	2. 其他收入		餐厅营业项目外收入，如废旧物品处理
收入合计		–	项目“1+2”的合计
税金	营业税金及附加		税务机关按营业税率收取的营业税与附加税金额
	税费支出小计	–	营业税与附加税合计金额
净收入		–	营业收入－税金

续表

项目		月发生额	项目说明
食材成本	1. 配送调味料		
	2. 配送食品		
	3. 自购调料		
	4. 自购鱼类		
	5. 自购肉类		
	6. 果品蔬菜		
	7. 酒水饮料		
	8. 主食粮油		
	9. 食品杂项		
	小计	-	上述 9 项合计金额
物料成本	1. 营运物料		
	2. 物流及存储支出		
	小计	-	上述 2 项合计金额
成本支出合计		-	
营业毛利		-	净收入－成本支出合计
人工费支出	1. 职工薪酬		
	2. 社保支出		
	3. 职工福利		
	4. 职工培训		
	5. 员工餐费		
	6. 宿舍租金及水电费		
	7. 其他人工支出		
	小计	-	上述 6 项合计金额
能源费用	1. 电费支出		餐厅厨房电表总计耗用金额
	2. 水费支出		餐厅厨房等水表总计耗用金额
	3. 燃气支出		厨房燃气消耗总费用
	小计	-	上述 3 项合计金额

续表

项目		月发生额	项目说明
办公费用	1. 购办公用品支出		
	2. 设备设施维修费		
	3. 网络及通讯费		
	4. 宣传及促销支出		
	5. 其他办公费支出		
	小计	-	上述 5 项合计金额
固定支出	1. 门店房租及物业费		餐厅、厨房、库房等全部场所租金及物业费用金额
	2. 其他经营租金		设备租赁等费用金额
	小计	-	上述 2 项合计金额
折旧及摊销费	1. 装修费摊销		
	2. 设备折旧费用		
	3. 低值易耗摊销		
	4. 其他折旧及摊销		
	小计	-	上述 4 项合计金额
其他非正常支出			
酒店所得税			税务机关按所得税率收取的所得税金额
费用合计		-	上述七项费税合计金额
三、净利润		-	营业毛利 − 费用合计

三、比率分析

（一）流动性比率

流动性比率指流动资产总额和流动负债总额之比。用来衡量酒店流动资产在短期债务到期以前，可以变为现金用于偿还负债的能力。

流动资产，是指酒店可以在一年或者超过一年的一个营业周期内变现或者运用的资产，主要包括货币资金、短期投资、应收票据、应收账款和存货等。

流动负债，也叫短期负债，是指将在一年或者超过一年的一个营业周期内偿还的债务，包括短期借款、应付票据、应付账款、预收账款、应付股利、应交税金、其他暂收应付款项、预提费用和一年内到期的长期借款等。

流动比率越高，酒店资产的流动性越大，但是，比率太大表明流动资产占用较多，会影响经营资金周转效率和获利能力。一般认为合理的最低流动比率为 2。

流动比率 = 流动资产合计 / 流动负债合计 ×100%

（二）周转性比率

在餐饮经营项目中，成本控制是重要的经营管理内容，食品存货是指已购进的待加工食品原材料（包括酒水饮品），由于处于待加工未销售状态，因此库存货物占用的资金，就是餐饮成本占用的非有效资金，存货多，占用比例大，对现金占用要求多，可能造成餐饮成本加大，从而减少利润。因此，减少存货量，提高食品存货周转率，是餐饮酒店重点关注的财务周转性比率。

例：某餐厅某月期初存货 4000 元，期末存货 5000 元，当月实际成本耗用 20000 元，那么。该餐厅这个月的存货周转率计算过程如下。

平均食品存货 =（期初存货 + 期末存货）/2

=（4000+5000）/2=4500

食品存货周转率 = 实际耗用食品成本 / 平均食品存货

=20000/4500=4.44

说明该月食品库存周转了 4.44 次，也可以视为大约每 7 天（当月 31 天 / 4.44=6.9 天，四舍五入）周转一次。

存货周转率高可以减少资金占用，但在实际经营过程中也可能会出现缺货现象，如果缺货现象影响到接待服务，不能满足顾客需求，长此以往甚至会导致业务量减少，直接影响营业收入。

存货周转率过低说明货物积压，存货积压不仅会占用经营资金，也会导致食物过期变质或失窃现象发生，从而加大了酒店的成本支出。

（三）营利性比率

营利性比率是通过投资回报和营业收入的比较来反映酒店管理有效性的参照系数，边际利润率是营利性比率的常见项目，是衡量基于营业收入获取利润能力的指标。边际利润率是指边际利润与销售收入的比率。营业收入减去变动成本即为边际利润，边际利润首先用来补偿固定费用，补偿固定费用后若有余额，才能为酒店提供利润。否则，酒店就无收益或亏损。

边际利润率 = 边际利润 / 餐饮总收入

边际利润 = 营业收入 – 变动成本

（四）经营性比率

经营性比率在酒店经营管理活动中具有重要的指标意义，是可以反映酒店经营管理状况的有效数据。如食品成本率、人工成本率、食品人均消费、翻台率等，这些比率可以直接反映出餐厅的经营直接成本控制情况、人工科学合理使用情况、顾客到店消费标准及营业接待量等情况。

食品成本率 = 食品销售成本 / 食品收入 ×100%

人工成本率 = 人工成本 / 餐饮总收入 ×100%

食品人均消费 = 餐饮总收入 / 接待顾客总人数

翻台率 = 接待顾客总人数 / 可用座位数

四、餐饮适用的财务管理制度

（一）应收款项管理制度

1. 消费应收账款管理

应收账款是顾客就餐时以记账签单形式或持记账式优惠券而形成的餐厅应收而未收的就餐款项。

应收账款的发生应在信用良好的单位和个人。凡是要挂账的单位和个人，餐厅应对其信用状况进行认真的调查和正确的估计，因过失造成的应收账款呆账的，要追究当事人的经济责任，对于信誉差的单位和个人，应杜绝赊账行为。

应收账款发生后，财务部门应督促经办人与往来单位和个人对账，要进行应收账款的账龄分析，保证应收账款金额准确无误，并及时做好催收工作。常见情况是应收账款应自消费日起30日内收回。

在呆账发生后，财务会计应写出发生呆账的详细过程及催款情况。餐厅通常不提坏账准备，发生的坏账损失经总经理审批，然后交董事长或其授权人审批，财务会计再进行相应的账务处理，计入管理费用。

2. 其他应收款管理

其他应收款是除应收消费账款、预付账款以外的其他各种应收暂付款项，包括：各种赔款、罚款、存出保证金，应向职工收取的各种垫付款项等。

发生其他应收款应及时、准确做账务处理，并注意催收，其他应收款占用时间应自发生之日起 30 日内收回。涉及应收职工个人的款项不能按时收回的，可以考虑应从职工当月个人的工资中扣回。

3. 内部挂账及免单的处理

酒店系统内各部门单位消费通常按一定折扣计价；酒店负责人可享有免单权，但需注明具体事由，每月由财务部将免单明细交董事会审查。

（二）盘点制度

为了确保财物盘点的正确性，准确核算营业成本，餐厅酒店常规执行盘点制度，主要包括以下内容。

1. 盘点范围及要求

（1）盘点范围包括：现金、存货、固定资产。

（2）各项财务账册应于盘点前登记完毕。对盘点期间已收到而尚未办妥入账手续的物资，应另行分别存放并予以标示。

2. 存货盘点

（1）存货盘点包括原材料、燃料、物料用品、低值易耗品、库存商品。

（2）盘点方式　采用每月盘点和年终盘点。

（3）盘点人员　盘点人由库管或实物负责人担任，负责点计数量。监点人由各部负责人、财务会计担任，负责盘点监督。 盘点人员盘点当日一律停止休假，并按时到达盘点地点。

（4）所有盘点都以静态盘点为原则，因此盘点开始后应停止财物的进出及移动。

（5）所有盘点数据必须以实际清点、称重或换算的确实资料为据，不得以估计定数据，不得伪造数据记录。

（6）盘点完毕，盘点人员应填制“盘点表”，各责任人签字，一式两联，第一联由财务部门留存，供核算盘点盈亏金额；第二联留存各部门备查。

（7）鲜货及蔬菜采用“实地盘存制”确定成本，其他存货采用“永续盘存制”确定成本。

3. 现金盘点

（1）盘点项目　包括现金、银行存款、支票等。

（2）盘点方式　采用定期（如每月 25 日和年终盘点）和不定期抽查。

（3）盘点人员　出纳（盘点人）、会计（会点人）。

（4）盘点流程 现金盘点的时间，应于盘点当日上午发生收支前，或当日下午结账后进行。盘点前应将现金柜封锁，并于核对账册后开启，由会点人和盘点人共同盘点。会点人依实际盘点数详实填写“现金盘点表”一式三联，经双方签字认可后，第一联出纳留存，第二联会计留存，第三联交办公室留存。

4. 账实不符的处理

（1）账载数额如有漏账、记错、算错、未结账或账面记载不清者，记账人员应进行更正，情况严重者，报总经理、董事长处理。

（2）账载数字如有涂改未盖章又无凭证可查、难以查核或有虚构数字者一律报总经理、董事长处理。

（3）财物管理人员有下列情况，应报总经理处理。

①对所保管的财物有盗卖，掉换或化公为私等营私舞弊行为。

②对所管的财物未经批准而擅自转移、私借或损坏不报告行为。

③未尽保管责任或由于过失致使财物被盗，损失或盘亏。

（三）供货定价制度

1. 原材料市场价格调查

（1）餐厅财务每月组织供货市场调查通常不少于两次，并填写市场价格调查表，写明市调时间及地点，各参加人员在市调表上签字。财务会负责调价表格打印、价格记录工作并负责调价表保管。

（2）市场调查由行政总厨、财务会计组成，具体由财务会计召集。

（3）市场调查时间一般是在指定日期和随机日期。

2. 定价程序

（1）每次市场价格调查后，应及时制定当期的供货商品执行价格，先由行政总厨、财务会计、采购主管初定，交总经理审定后，最后交董事会审批。董事会审批后将执行价格以书面形式交财务部执行。

（2）原材料采购定价标准通常是处在批发价和零售价之间（即高于批发价低于零售价）。

（3）价格调整 因市场变化情况特殊，供货商提出价格调整要求，首先由供货商报餐厅了解相关市场情况后，商定调价草案，报总经理审批。

3. 供货商的更换与续用

在合作过程中如发现供货商有不履行合同的行为，且经沟通后无效，由财务审查小组调查提出是否更换、续用意见，然后报总经理最后决定。

（四）货款的支付管理

（1）货款的支付应尽量不通过采购，若因特殊情况必须经过采购时，须由采购填写借款单，并由总经理批准后方可借款，借款后应在3（次）日内报销冲账。

（2）供货商的货款支付，由财务会计向总经理报付款计划，并在付款前填写《请款单》经总理签字批准，方可付款。

（3）因特殊原因，未及时付款的供货商，由财务部会计负责进行协调，必要时由总经理处理。

任务训练作业

一、调研讨论

调研农产品批发市场及城市零售市场，列出调研产品目录清单，对肉、蛋、菜类产品价格与质量进行对比分析。找出差价最大的5个品种项目，并分析原因。

二、要求组成学习小组，完成课堂讨论

1．学习小组讨论的规则

在独立思考后，仍有疑惑需要解决，先是一帮一，两人间的讨论，如还有困难，再扩展为4人或5人间的讨论。如遇到较难的问题记录下来，班级讨论。

2．学习小组讨论的形式

（1）自由发言式　学生可以在小组中自由发言，同学们各抒己见。

（2）轮流发言式　小组成员围绕一个中心问题挨个发言，一人不漏。

（3）一帮一讨论式　当部分学生在难题面前尽最大努力也不能解决，而教师又无法加以个别指导的时候就可以采用这种讨论方式。

餐饮训练管理

项目 2

学习目标

- 能够准确阐述餐饮培训 OJT 最佳模式；
- 能够正确说明 OJT 符合餐饮培训需要；
- 能够准确叙述 OJT 方法；
- 能够准确叙述 OJT 实施步骤；
- 能够根据员工类型说明 OJT 要求。

课程内容

一、餐饮训练管理与 OJT

（一）OJT 的概念

所谓 OJT（On the Job Training）即职业培训或在职培训，是指管理人员透过工作或与工作有关的事情，有计划地实施有助于员工学习与工作相关能力的活动。即在工作现场环境内，管理者和技能娴熟的老员工对下属、普通员工、新员工等，以通过日常的工作的形式，对必要的知识、技能、工作方法等进行教育培训的方法。这些能力包括知识、技能或对工作绩效起关键作用的行为，培训的目的在于让员工掌握培训项目中强调的知识、技能和行为，并且让他们应用到日常工作当中。

（二）OJT 的特点与目的

OJT 必须建立在提前做出计划与目标的基础之上。

OJT 是在具体工作中，教学人员双方一边示范讲解、一边实践学习。有问题可以当场询问、补充、纠正，还可以在互动中发现以往工作操作中的不足、不合理之处，共同改善。

OJT 的目的。

（1）让下属员工能熟练而出色地做好自己的工作。

（2）提高本单位的整体工作业绩。

（3）促进下属的个人能力的成长。

（4）负责培训的人员通过指导别人自己也获得能力提高。

（三）OJT 是餐饮培训的最佳模式

OJT 是经由工作本身或与工作相关的事情来进行教育的过程，可以说是与实务连结在一起的教育。因而透过 OJT 可培养出实战的力量。OJT 在原则上，是由管理人员与部属面对面地进行，与 OFFJT（脱产训练）不同，这种教育可以配合个人的资质及需要。所谓经验就是最好的学习，OJT 本身就是一种体验学习，因而教育效果较高。OJT 是培养下属的根本方法。

餐饮业的各项工作基本是生产服务链条式的作业模式，从顾客点单到菜品食物服务上桌，都需要不同岗位操作者拥有独立工作的能力，并保证工作质量，才能够完成一个工作流程的任务。如何有效训练培养合格甚至优秀的员工是每个餐饮酒店关注的问题，特别是中小餐饮组织自身的培训职能体系非专职化，培养训练提升员工工作技能是餐饮组织日常管理工作的重要任务，OJT 可以在工作中进行培训，工作训练两不耽误，教学双方都不必另外投入时间、精力和费用，而且还能使培训和实际工作密切联系，形成教与学的互动。

餐饮酒店已经意识到为了获得竞争优势，培训不能局限在基本技能的开发上，这就要求员工学会知识共享，并创造性地运用知识来调整产品或服务，同时还应了解产品或服务的开发系统。餐饮管理人员培训技能是 OJT 执行有效的关键，餐饮负责培训的人培训能力不足，或因餐饮接待工作繁忙影响了说明讲解，这会导致 OJT 成果不理想的问题。

二、OJT 的实施方法与训练要点

（一）OJT 培训工作方法

（1）熟悉培训对象，掌握培训者的工作情况，技能情况。

（2）指明培养目标　对培训者明确指出培训目标，以及通过培训要让他们达到什么层次标准。

（3）指明差距　明确告诉培训者，他们现在的水平和目标达到的水平间的差距。

（4）给出长期的学习与培训的计划　明确告诉培训者，为了实现学习目标需要学习的内容方法、时间。

（5）做出短期内、阶段性的学习、培训计划。

（二）日常训练的五个重点

在日常训练下属的过程中把握的五个重点，即5“E”：

1. 讲解（Explanation）

描述做好这项工作的要领。首先，概述整个过程；然后描述过程的每一个步骤，每一次讲解一个步骤，把这些步骤写成指导说明书；最后，当再一次讲解这些步骤时，演示如何完成该项任务。讲解对听讲者而言，是他们接受新知识新资讯的重要方式，也是解答他们平日所累积的问题的好时机，因此，除了扩充他们新的知识领域以外，还要准备为他们解答问题。

2. 经验（Experience）

充分利用接受辅导者以往的经验，让他全身心投入这项工作。

与员工分享自己的经验也相当重要，不要担心下属会因此而取代自己。因为下属水平高了，工作干好了，也是属于教练的“功劳”。

3. 练习（Exercise）

指导的目的是让下属更好地做事，而不是替他们做事。因此应给下属更多的机会练习，并在旁进行观察、指导。

让下属通过练习，得到自我启发，发挥个人潜力，找出更好的办法。

4. 发表意见（Expression）

提供不断的反馈来承认和奖励取得的进步，来帮助员工评估进展和吸取经验教训。

明确地指出错误是非常重要的，它能改善培训的绩效。但是指正时的态度很重要，一定要以诚恳且对事不对人的态度进行。

5. 尊重（Esteem）

友善与尊重是很重要的。做得好的立即鼓励，而对于不正确的地方要对事不对人地立即修正。对于不熟练的情况，应立即伸出援手，避免让对方感到技不如人而丧失信心。

三、OJT实施的阶段步骤

（一）准备阶段

步骤一：成立OJT项目小组：酒店各实施部门均成立专门的项目小组，确定关键人员及其职责分工。

步骤二：制订项目方案计划：项目小组制订工作计划，并按步骤实施项目推进。

（二）分析阶段

步骤三：面对未来的组织结构设计与岗位/技能差异分析：针对酒店业务量提升的需求，分析高效生产的班次及人员安排，并由此得出人员、技能需求与目前人员状况之间的差距，针对差距找出在人员技能方面制约部门绩效提升的薄弱点、关键点，确定最需培训的岗位和具体人数等，从而制订出基于部门未来发展战略的人员培养计划——部门 OJT 培训方案。

差异分析是整个 OJT 培训的起点，也是终点，按照实际工作的需求，确定员工已经掌握的技能，以及需要进行再培训的领域，这是 OJT 计划成功实施的关键点之一。

（三）实施阶段

步骤四：选拔培训 OJT 指导老师：在差异分析的基础上，确定培训人数，同时确定老师数量以及人选。与师傅带徒弟方式不同，OJT 培训指导老师均需要经过选拔，以他们的能力及其在工作中赢得同事的尊重为依据，并通过专门培训才可以取得带徒弟的资格。OJT 指导老师的培训主要有两方面内容：一是 OJT 运作流程的学习，所有的 OJT 指导老师遵循同样的指导原则和培训顺序对徒弟进行培训教育，以达到培训效果的一致性；另一方面是有关教授技巧的传授，使老师们成为能教别人、愿意教别人而且会教别人的人。

步骤五：确定标准化的岗位培训内容：与师带徒方式下由头脑到头脑的经验传递不同，OJT 要求所培训岗位建立起标准化的培训教案，由经过培训的 OJT 指导老师负责本岗位 OJT 培训教案和培训资料的编制和整理工作，即所谓的 OJT 课程方案。同一岗位的所有师傅按同一培训标准以及经过论证的合理传授方式和顺序进行传授。在这种标准化的培训内容下，所有的纠偏都可以通过 OJT 课程方案的改进而得以快速进行。

步骤六：制定 OJT 培训及跟踪计划：标准化的 OJT 课程方案、经过培训的 OJT 指导老师和基于实际需要的差异分析，是 OJT 计划成功实施的关键要素。具备以上要素后，就可以针对不同的培训目的和培训对象，灵活地制订适宜的培训计划，这种培训计划是量体裁衣，因人而异的，通过自选式学习方式，培训可以视需要分阶段进行，而不必像以往的集中培训一样跟随其他人学习许多自己已经熟知的内容。这种学习方式可以更有效率地进行培训，在培训效果上获得最佳的投入产出比。

步骤七：签订 OJT 师徒培训合同：培训是教与学的双向过程，在此过程中，只有师傅和徒弟均担当起自己的职责，学习才可能转化为可以观察和测量的行为改变。因此，酒店以培训合同的方式，对 OJT 指导老师和学员的责任与义务以及培训实施过程中的激励机制等进行明确，同时也体现酒店、部门对该项目的重视程度。

步骤八：实施 OJT 培训：OJT 培训与课堂式培训的最大不同在于 OJT 培训需要指导老师一边工作，承担日常生产任务，一边培训，完成培训计划中的课程内容。这是一项比课堂培训更艰巨的任务。因此在 OJT 培训实施过程中，需要各层次管理人员的参与和支持，以确保 OJT 生产培训计划得以顺利实施。这包括：来自培训主管部门的政策支持、方法指导、监督控制；部门管理层对生产培训资源的统一协调；设备、工艺、安全等专业职能人员的技术支持等。

（四）完善阶段

步骤九：OJT 培训效果验证：有明确的目标性，这是 OJT 培训计划的显著特征。每一阶段均有书面化的明确培训目标，该培训目标细化到可以用“能”和“不能”来加以判断。每一阶段的培训结束后，会由 OJT 指导老师、部门班组负责人一起，对学员的学习效果进行验证，并做出是否达到阶段性培训目标、是否已具备相应技能能力的定性判断。只有当每一阶段的所有培训目标均合格通过时，学员才可独立担当岗位操作。各级管理人员甚至总经理也会不定期参与阶段性验证过程，以跟踪 OJT 培训的实施质量。

步骤十：培训实施过程的纠正和 OJT 方案完善：学员合格通过所有阶段性验证并不是 OJT 培训计划的全部，在 OJT 培训实施过程中，各级人员要随时关注过程中出现的各类问题并通过分析给予纠正，在实现过程改进中使 OJT 运作流程更加规范，使指导老师的教授技巧不断提高，使 OJT 课程方案得以动态维护不断完善。

四、管理人员做好培训的要点

（一）必需的知识、技巧与态度

1. 沟通能力及对他人的理解能力

日常的工作沟通是非常重要的，同时只有在平时留心观察、了解下属和新人，才能明白“指导什么、怎么指导”。需要负责培训的人有良好的沟通能力、理解他人的能力。

2. 对 OJT 的态度

对于 OJT 的态度其实比起知识、技巧更为重要。如果上下都能对 OJT 给予充分的重视与积极投入，即使在具体的方法与技巧上稍有不足，OJT 培训工作还是能取得显著成果。

（二）正确的理念和心态

1. 培养员工的心态

培养员工的目的不只是为了要使其能有效地执行目前的工作。OJT 有两个目的，其一是为了要使员工的日常工作能顺利地推展，其二是为了能做好将来的人才培养。

2. 对于员工的培养要持之以恒

身为管理人员，千万不可认为对员工只要教一次或提醒一次，就可马上派上用场，或马上可以改变其态度。尤其是属于心理或意识方面的修正，一定要持之以恒。

3. 把员工培养成一个优秀的社会人

对于员工的培养不应当只是使之成为一个工作能手，而且还应当让他在人格、态度以及对事物的认识上有长进，能够扮演一个优秀社会人的角色。引导员工树立正确的世界观、人生观和价值观，塑造平衡和谐的健康心态等，这些看似与工作无关的教导对员工将会起到潜移默化的深刻的影响。

4. 练好基础打好根基

“守（修）、破、离”是茶道、花道学习术语，所谓“守”（修）即是模仿师父的方法练好型；所谓“破”是在练好了型以后，实际加以应用（实践）使之完全成为自己的东西；所谓“离”是经过破的阶段后，已学到师父的真功夫，开始要自我突破，想办法超越师父，自成一派。

OJT 的进行也必须采取守、破、离的步骤来进行，使员工对于工作的态度、事情的处理方式等，能从根本打好基础。一旦打好根基即可开始授权，使之能充分应用并自由发挥。从这个意义上说，教练是授权的基础。

5. 加强并发展其优点

在培养训练员工时，针对其优点予以指导、运用，是个很重要的技巧。每个人都有其优点和缺点，没有十全十美的人，也没有一无是处的人。不管是优点或缺点，大多是环境塑造或与生俱来的。强调一个人的优点，发展其优点，使之发挥其特长，远比改正其缺点要容易得多，效果也大得多。

6. 塑造一个具有启发性的组织氛围

要提高培训的成果，使组织洋溢着启发性的气氛是很重要的。这种组织气氛的塑造，对管理而言是困难，但却是很重要的课题。为了要塑造这种气氛，管理人员必须以身作则，率先进行自我启发；奖励具有创意性的意见与提案；致力扮演一个好听众的角色；推动部门内例行集会或研究会、读书会等，让各个人轮流担任主席以及联络人员，发挥大家的潜能和智慧。

五、针对不同类型与能力的员工培训要点

（一）不同类型员工培训

在酒店中，有新进人员，也有资深员工和管理人员。以下针对各个类型员工培训要点提出说明。

1. 对新进人员培训

每个新进的员工进到餐厅以后，需要为其制订相应的工作训练追踪考核计划。需要安排入职培训。具体的培训内容主要包括：互动认识（包括自我介绍和认识餐厅的新朋友），认识餐厅的背景历史、酒店文化和餐厅制度，了解与自身相关事项（包括班表、制服和协议签订）等。

为了确保新员工能够更好地熟悉并融入餐厅的工作氛围中，同时在遇到工作困难、疑惑时能够给到其帮助。需要指定相关负责人为他们进行带训工作。

新进人员很容易学习到新的酒店东西，须授以正确的所必须具备的基本知识，如职业理想、职业道德、职业纪律、职业态度、职业素质、职业礼仪以及对同事、前辈、上司的态度等；需要学习与工作有关的基本事项，包括有关工作方面的基本认知，如顾客意识、成本意识、效率意识、团队合作意识、成果意识、公司忠诚、岗位职责等。

考虑到新员工的岗位接受能力以及餐厅服务及产品的认知程度，要尽量避免其第一个学习的内容是对客服务区的工作，应多安排一些时间让其学习餐厅产品的基本内容。

2. 对资深员工培训

资深员工大致是指进入公司5～7年的员工，实务经验比较丰富，是酒店的中坚力量，是在各个部门负责实务操作的核心骨干，也是上司的辅助者、后进人员的指导者。对于这些员工的培训，首先要使其清晰自己在公司的地位，肯定其关键与骨干地位；其次在工作方面的指导，要培养其与所负责职务有

关的专业知识以及相关知识。

在指导资深员工时，必须给予较大的压力，分配较多的工作，让他有锻炼的机会。身为上司者只须在授权后注意其结果的演变，适时给予建议而不要予以干涉。

3. 对中高年龄层员工培训

对于年龄较高的年长员工确实需要在培训方法上讲究技巧。对于年长的员工，要承认、赞美其优点，把他们当作人生的前辈，不要对他们另眼相看，并且要扩大其工作内容以增加工作情趣，使他们个个以身怀绝技为荣。

（二）不同能力的员工培训要点

不同水平、能力和态度的员工应采取不同的培训教练方法。

1. 有能力没有意愿（干劲）的员工

对于这类员工必须调查其失去干劲（或是提不起劲）的原因，通常是家庭原因、制度原因、薪酬原因、环境原因、沟通原因等，应当采取适当的对策以调动积极性。

2. 没有能力有意愿（干劲）的员工

要分析其能力低下的原因，如果其能力有提高的余地和可能，就要对其进行必要的培训和指导。如果确实无法提高，则应调整工作岗位，让其从事能力适合的工作。

3. 没有能力也没有意愿（干劲）的员工

首先要有耐心。先分配较简单的工作，使之得到成功的经验，进而对工作产生兴趣。一旦对工作产生兴趣后，再灌输工作上所必要的知识和技巧，并使其了解上司对他们的期待。经过努力之后仍不见起色的要予以淘汰。

4. 有能力又有意愿（干劲）的员工

对于这种员工要注意避免阻碍其干劲的发挥，充分授权，设定超过其能力的目标，让本人也参与目标的设定，对于其微小的错误要表示宽容的态度。

5. 缺乏责任感、协调性、挑战意愿、敏感性的员工

对于这类部属的指导要点如下。

（1）要让他们了解，一个标准的职业人或社会人需要拥有责任感、协调性、挑战意愿及敏感性等资质，是在工作场所中如必须要具备特质，要平常努力才可能达成。

（2）向他们提出具体的说明，讲清楚欠缺责任感的工作与责任感强的工作差别。

（3）在进行日常指导时，管理人员要率先示范。

任务训练作业

一、案例研究

案例1：黄蓉的焦虑

黄蓉来到餐厅已经大半年了，在接待和传菜工作上都做得非常优秀，但是餐厅目前包括对客服务员在内的各岗位的人数已满，完全能满足排班的需要。而餐厅里比黄蓉来得早的人早就学完服务区的所有岗位了，黄蓉很着急，也有点泄气。因为如果没有学完服务区的所有岗位，她就没有资格与其他员工竞争训练员这个职位。如果你是训练经理，你会怎么办？

案例2：未经考核的上岗

张无忌刚进餐厅三个月，就已经能够熟练掌握接待员的岗位。这时，训练员师傅考虑到餐厅的需要，让张无忌开始学习传菜员的岗位。在前半段时间，张无忌的理论学习非常好，师傅就让他开始进行实际操作，但是，随着餐厅越来越忙，师傅跳过了张无忌的考核工作，直接让其独立传菜了。结果，当天张无忌不小心摔了两个盘子，而且传错了菜，该区服务员因此被顾客骂了一顿，于是他就把气发在了张无忌身上。张无忌受了这些委屈后，失去了对工作的兴趣和信心，当天就提出了离职。这个案例反映出了什么问题？

案例3：岗位学习不到位，员工干活直喊累

一家餐厅的厨房分有楼上楼下两层。楼上主要细分为两个岗位：一个是碳酸饮料、奶茶、冰淇淋蛋糕的制作，还有一个是夏日特饮的制作；楼下同样也细分为两个岗位：一个是炸制产品，还有一个是烤制产品。一批新员工进来以后，训练经理安排他们在一个月内要完成两个岗位的学习。但是当这批员工进入独立操作阶段以后，发现餐厅产品的制作经常出现来不及的现象。训练经理对此百思不得其解，人数的安排上与计划基本相等，这些新上岗的员工在考核和实际操作时也都表现得非常优秀。那么，问题出现在哪里呢？

二、要求组成学习小组，完成课堂讨论

1. 学习小组讨论的规则

在独立思考后，仍有疑惑需要解决，先是一帮一，两人间的讨论，如还有困难，再扩展为4人或5人间的讨论。如遇到较难的问题记录下来，班级讨论。

2. 学习小组讨论的形式

（1）自由发言式　学生可以在小组中自由发言，同学们各抒己见。

（2）轮流发言式　小组成员围绕一个中心问题挨个发言，一人不漏。

（3）一帮一讨论式　当部分学生在难题面前尽最大努力也不能解决，而教师又无法加以个别指导的时候就可以采用这种讨论方式。

餐饮业出品创新

项目 3

学习目标

- 能够概括说明菜品原料的创新方法；
- 能够概括说明菜品烹饪技法和形态的创新方式；
- 能够概括说明菜品文化的创新；
- 能够概括说明菜品创新基本原则；
- 能够制定对已有菜式进行创新的建议。

课程内容

随着社会的发展和各地烹饪文化特色的交流和影响，菜品的创新逐渐成为酒店餐饮发展的关键因素，有越来越多的创新方式在不断地涌现。现代厨房的菜品创新主要有原料创新、技法创新、味道创新、形式创新和文化创新。

一、菜品的原材料创新

菜品原材料创新是指制作菜肴食品的主料、配料、调料的使用变化，包括原材料的产地、品种、搭配组合等方法变化。

（一）原料异地购买异地使用

产品制作原料的选用变化是简单直接的影响菜肴变化的方法，菜品食材原料选用原料主产区或知名品牌的品种（表 6–2），直接影响产品的品质变化提升。

表 6-2　产品原料介绍

菜品原材料	主要介绍	相关图片
牛、羊	我国西北地区为牛羊主要产区，品种优良，驰名遐迩。牛羊肉菜品遍及全国各地餐厅，在非主产区餐厅引入知名品牌牛羊肉原材料，是常见创新形式	 
章丘大葱	山东大葱的知名品种，大葱作为菜肴的配料使用普遍，优良品种可以带来口味口感直接变化	

（二）土料洋用

所谓土料洋用就是把原有菜肴食品制作中没有使用过的普通食材引入，提升了食材食用商品价值，创造了新的菜肴品类。

“米面巧用”就是把作为主食的大米磨粉，用米粉包裹其他食材制作出的菜肴，如粉蒸菜、糯米排骨等。

“畜料人用”就是把以前牲畜用的食材加工制作为菜品，如地瓜叶、马扎菜、青蛙籽等以前常用的动物畜料植物，精选加工制作为菜肴。

（三）药材菜用

把中药材和菜结合成菜，例如田七扇贝、杜仲腰花、芡实鸭、人参鸡、当归生姜羊肉汤、当归牛腩。常见入菜的中药如表 6–3 所示。

表 6-3　常见入菜的中药

功效	品名
补气	人参、当归、白术（zhu）
补血	阿胶、熟地、首乌、枸杞
补阴	天门冬、女贞子、冬虫夏草
补阳	鹿茸、韭菜子

（四）一料多用

一料多用即用一种原料开发出多个品种菜品。整块原料，如肉、鱼和家禽，经过加工、切配后，原料分为几个档次，如鸡平时用整只做一道菜，如果肢解多个部位做成不同菜品，就可以增加菜品品种，可做出可乐鸡翅、瓦罐凤爪、八宝鸡珍、黄焖鸡块等多种菜品。“一物多吃”模式的菜肴也比较常见，如一鱼多吃、一虾多吃、一蟹多吃等。

（五）种植养殖基地建设

餐饮酒店建设专属种植或养殖基地，把食材原料生产与加工产业链锁定，是目前许多餐饮创新变化的形式，即打造食品原材料供给专属化形象，可以为菜肴原材料创新提供新途径。

二、菜品烹调技法和形态创新

（一）烹饪技法创新

1. 菜式创新

引入借鉴其他形式制作出新的餐饮品式，如：

（1）“晾衣白肉” 川地潮湿，百姓晾衣常搭起两个支架，在中间再横起一根竹竿，把洗干净的衣服搭在竹竿上，置于阳光下晾晒。心巧的厨师把这一民俗引入厨房，做成了这道晾衣白肉。菜品如一件件红白相间的衬衣晾晒在乡村竹衣架上、晒场上，乡村气息扑面而来，吃在嘴里是肥而不腻。

（2）“水煮鱼” 起源于渝北地区。“水煮肉片”获奖。没有准备其他的肉，水煮“鱼肉”诞生了，鱼肉的鲜美、麻辣的厚重，使得朋友赞不绝口，“水煮鱼肉”，从鱼肉的特性，麻辣的搭配到色形的创新等诸多方面力争做到精益求精，历经一年多的努力，1985年水煮鱼基本定型。

2. 技术创新

分子美食又称为分子料理，人造美食，是现代典型的餐饮烹调技术创新，这一概念最早于1988年由匈牙利物理学家Nicholas Kurti 及法籍化学家Herve This 提出。

所谓分子美食是指把葡萄糖、维生素C、柠檬酸钠、麦芽糖醇等可以食用的化学物质进行组合，改变食材的分子结构，重新组合，创造出与众不同的可以食用的食物，比如，把固体的食材变成液体甚至气体食用，抑或使一种食材的味道和外表酷似另一种食材（表 6–4）。从分子的角度制造出无限多的食物，不再受地理、气候、产量等因素的局限。如：泡沫状的马铃薯，用蔬菜制作的鱼子酱等，用液氮把固态新鲜水果制作成微小冰晶颗粒的分子冰淇淋。

分子美食学是指运用科学的方式去理解食材分子的物理或化学变化和原理，然后运用所得的经验和数据，将食物进行再创造。这种以科学研究为基础的创作观念，最大的价值或者就是它让我们更好地理解传统菜式，改进传统手段，更加挖掘出美食的无限可能。

表 6–4　分子美食加工手段

低温慢煮	低温慢煮是分子厨艺两位创始人提出的原理，通过长达几小时到几十小时维持在 50 ~ 60℃的烹调温度将食物的味道加以提炼。但对烹饪器材的改造已经能让准备的时间缩短数小时甚至数天
味道配对	味道配对学说是分子厨艺最经典的学说之一，虽然食材不同，但若有相同的挥发性粒子，把它们放在一起食用，便能刺激鼻中同类感应细胞
氮	灌入真空罐注入氮气后放入冰柜，让氮气在真空下把粒子压得更细；再或者把有香槟酒味的柠檬放入液氮中，凝结变脆成类似小号的法式甜饼形状
食物分解	人们通过速冻，真空慢煮等方式来将食物的形态改变，从而得到它的核心味道

（二）烹饪形态创新

1. 中餐西吃文化借位

“俏江南”开创了中餐西吃的全新模式。主要包括西餐环境、西餐装盘和西餐服务的创新模式，但菜品的口味还是中式的（图 6–1）。

2. 出品形式艺术化

北京大董烤鸭店开启了餐饮菜肴出品艺术化的时代，在就餐环境、菜肴制作、装盘、菜单、灯光与视频音响氛围塑造等方面，充分融合了现代艺术与科技表现形式，给予顾客全新的餐饮服务体验。

图 6-1　俏江南菜品

3. 已有菜式的创新（表 6-5）

表 6-5　创新方法实例

创新方法	典型菜肴	
高档主料 + 低档辅料	五谷海参	
低档主料 + 高档辅料	干贝萝卜菜、大董烤鸭红花汁白菜	 

三、菜品文化创新案例——“能吃的博物馆”

直隶会馆的前身为保定会馆，始建于 1987 年，经过多年发展，已经成为地方大型高端餐饮酒店集团。经过紧张筹备，北京直隶会馆于 2007 年 12 月 26 日，在中关村核心地带落成，整个直隶文化艺术再现直隶会馆之内。

（一）装修文化创新

直隶会馆的装修古朴典雅，充满了文化的气息，这些氛围的营造主要体现于六个元素，分别是砖雕、木雕、石雕、书法、印章、老照片，在灯影交错的效果下，这六种元素的应用使得餐厅环境既有阳刚之美，又有阴柔之秀，既文且武，相互映衬、相得益彰，从而营造出浑然一体的古典美韵。

（二）服饰文化创新

本着来源直隶文化的原则，直隶会馆民俗文化研究会数十次深入直隶总督署，考察清代官府服饰文化，从直隶总督的补服中获得灵感，创造性地将一品文官仙鹤补子以及一品武官麒麟补子以及直隶官府青花瓷中的缠枝莲纹运用到员工的服饰当中，辅以清代服饰中的马蹄袖、云肩、海水江崖等服饰元素，真实再现了当年直隶官府宴席雍容华贵的气质。

（三）菜品文化创新

康熙皇帝与炸烹虾段、直督总督方观承与荷包里脊、乾隆皇帝与鸡里蹦、曾国藩与炒代蟹、曾国藩与锅包肘子、总督豆腐、慈禧与阳春白雪、李鸿章烩菜、荣禄与桂花鱼翅、袁世凯与直隶海参等，优美的历史典故极大地丰富了直隶官府菜的文化内涵。

（四）器皿文化创新

美食配美器，直隶官府菜不仅有独具特色、酱香浓郁的菜品，更有华贵大气的直隶官府青花器皿。2006 年，在景德镇官窑后人的鼎力相助下，直隶官府菜研究会成功复原了当年直隶官府中的整堂青花温系列器皿——温盘、温碗、温盏。直隶会馆的菜品文化和器皿文化相得益彰，映衬出直隶悠久灿烂的文化。

四、菜品创新的基本原则

（一）可食用

创新菜的首要特性就是应具有食用价值，利用普通的原料，经过自己独特的构思，创作出较为新颖的菜品，营养好、味道好，使消费者感到越吃越想吃才有生命力。

（二）营养卫生

营养卫生是食品制作的最基本前提条件，饮食平衡、营养平衡的观点已经深入人心。食品的第一特性是供给维持生命所必须的营养物质；第二特性是基于生理需求和心理需求的体验，使人感觉它的美味。菜肴的各种主辅料首先必须是卫生的、有营养的，能够合理烹调和利用，在日常烹饪工作之中做到同类互换、科学搭配。

（三）适应大众

创新菜的推出，要坚持以大众化原料为基础，通过各种技法的加工、切配、调制、制作出独特的新菜品。

（四）简易省时

菜品制作工序过于繁复，不适应现代经营的高效便捷需要，菜品费工费时效率低下，也不能满足顾客消费时效性的要求。

（五）文化风俗

中国菜品体现出多地域、多民族、多历史的鲜明特点，餐饮活动离不开中国的文化风俗，春节、元宵节、中秋节、重阳节食俗，以及生日宴、祝寿宴，其菜品的设计都是打的文化牌、吃的风俗饭，脱离了本土文化的创新菜，它的个性也就失去了民族特色。

（六）降低成本

创新菜的精髓，不在于使用高档原料，而在于制作构思的奇巧。通过独特的构思，创制出人们乐于享用的菜品，而且是利用较平常的原料，这样的菜品创新是酒店的方向。

（七）反对浮躁

坚决反对为创新而创新，特别是不遵循烹饪规律，违背烹调原理的所谓创新，对行业、酒店的危害非常严重，是典型的浮躁风气，过度求新求变是偏执的表现。

（八）开发流程规范

产品创新开发是酒店运营工作的部分，菜品的创新结果就是要投入到运营中去，从立项、试制、评估、检测，到列入菜单对客销售，应当按照酒店管理流程规范运作（图 6-2）。

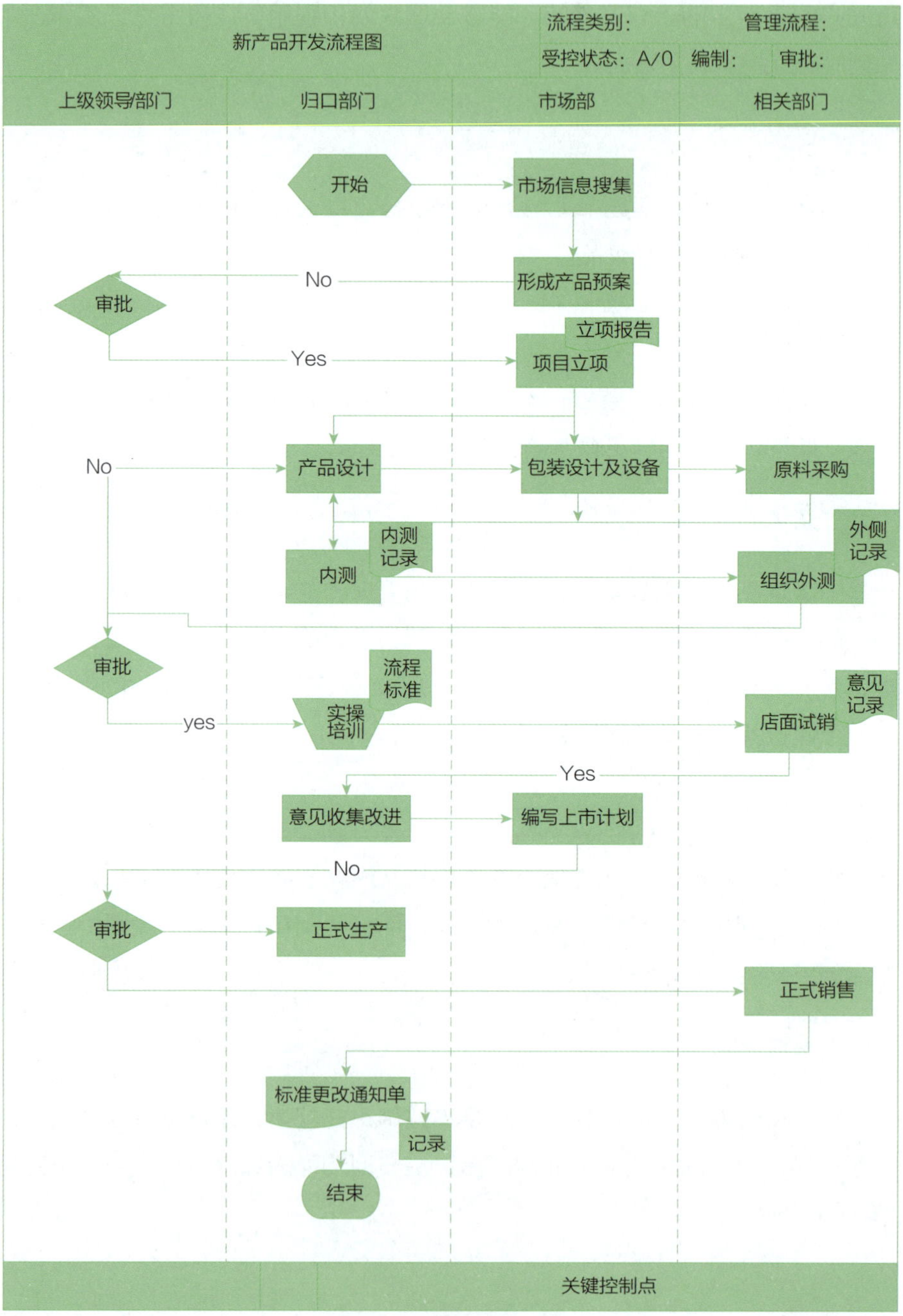

图 6-2　新产品开发流程

任务训练作业

一、调研分析

观察学生餐厅菜品供应，结合学生消费情况与餐厅生产条件，拟定一份学生餐厅创新菜品说明，并进行交流讨论。

二、要求组成学习小组，完成课堂讨论

1．学习小组讨论的规则

在独立思考后，仍有疑惑需要解决，先是一帮一，两人间的讨论，如还有困难，再扩展为 4 人或 5 人间的讨论。如遇到较难的问题记录下来，班级讨论。

2．学习小组讨论的形式

（1）自由发言式　学生可以在小组中自由发言，同学们各抒已见。

（2）轮流发言式　小组成员围绕一个中心问题挨个发言，一人不漏。

（3）一帮一讨论式　当部分学生在难题面前尽最大努力也不能解决，而教师又无法加以个别指导的时候就可以采用这种讨论方式。

参考文献

［1］邱晓敏.《餐饮服务与管理》课堂教学改革探讨——任务驱动型教学法的使用［J］. 旅游纵览（行业版），2012（02）.

［2］朱丽. 舌尖上的营销［J］. 中外管理，2014（06）.

［3］唐鸿鸣. 餐饮O2O产业化的三大瓶颈分析［J］. 信息与电脑，2014（10）.

［4］张树坤，曹艳芬. 酒店餐饮部运营与管理（第2版）［M］. 重庆：重庆大学出版社，2014.

［5］吴锦平，郑玉红. 饭店餐饮服务［M］. 重庆：西南师范大学出版社，2014.

［6］向跃进. 餐饮企业运营与管理［M］. 重庆：重庆大学出版社，2015.